日本列島震度7
[illegible]到来

－震災からの呼びかけ－

三船康道

KSS 近代消防新書 017

近代消防社 刊

はじめに

安心・安全は社会の基本と思い、大学院に入ってから防災を研究することになりました。そして、主として密集市街地の研究をしていましたが当時はそれほど大きな震災もなく、理論的な安全の追求にとどまっていました。

そのような思いが一変したのが、平成7年（1995年）1月17日に発生した阪神・淡路大震災からです。年度末の仕事の忙しさから、すぐには視察に行けませんでしたが、神戸市を中心に、傾いたビルや中間階が潰れたビルそして焼け野原となった長田区の惨状を見て、地震の恐さをまざまざと見せつけられ、忘れられない視察となりました。

思えば、この地震が関東大震災以来の大震災として、我が国で最初に震度7を記録した地震でした。地震が発生した時、大阪で防災の国際会議が開催されていました。参加しようと思っていましたが、年度末の忙しさで断念しており、すぐに被災地を視察できないことが後悔となりました。この後悔の思いから、その後、国内外の大地震は出来るだけ視察に行くことにし、そして消防防災に関する情報誌「近代消防」に視察報告をするようにもなりました。

平成に入ってから震度7の地震が続発したことを契機に、これまで執筆した中から震度7を集めてみました。そして、サブタイトルを「震災からの呼びかけ」としました。内容は、震度7の地震を契機として、地域をどのように復興するべきか、震災から呼びかけられていることは何かという観点から考えてみたいと思ったからです。

「呼びかけ」と聞いて思い出すことは、かつて国際防災の十年（ＩＤＮＤＲ）の会議に一般参加していた時、開発途上国から参加していた代表が、「天変地異は、その国の為政者に対する警告、人心が乱れたことに対する神の警告」というような発言をしていたことです。旧約聖書を見ると、ソドムとゴモラの物語では、地震と火山で町は滅びました。いわば、人心が乱れた社会への警告としての呼びかけがあるということでしょう。

時代が変わって21世紀の現代では、そのような宗教的な意味付けよりも科学的な分析が優先されています。しかし地震に限らず、このところかつてなかった規模の風水害もよく見られるようになり、人々の間では地球温暖化の影響も意識され、そこに天災と言うよりも人災というような側面が取り上げられています。そうした災害からどのような「呼びかけ」を聴くことができるでしょうか。「呼びかけ」にもいろいろな意味があると思いますが、いくつか挙げてみたいと思います。

・今のままでは足りないものがある
・未来から見て必要なことを組み込んでいく必要がある
・一人ひとりの自己中心的な思い方では対処できない
・大切なのは人間の絆であり、絆を基本として社会を見直す
・生かされている大自然やそれを支えている存在への畏敬と憧れそして感謝を抱くこと

振り返ると、これまで執筆してきた内容は、計画的なことや技術的なものを中心に、足りないものや未来に必要なことが多かったと思います。そして、現在の社会を見ると自己中心的な人災と天災が絡んだ問題はたくさんあります。

しかし、計画的なことや技術的なことだけでは解決出来ず、また、自己中心的な思い方では対処できません。被害を少なくするためには「人間同士の絆を大切にする」つまり「共助」の必要が注目されてきました。

安心・安全に対する考え方もこれらの概念に通じることが呼びかけられていると思います。昭和56年（1981年）の建築基準法改正による新耐震基準で建設された建物が、震度7の地震でも大丈夫だったように、その後我が国においては、地震による壊滅的な被害は無くなった

ように思われます。いわば、科学による地震のメカニズムの解明が進み、耐震技術の進歩によって地震を克服してきたようです。

しかし、地球の歴史から見ても、そのような観点だけで十分なわけはありません。「想定外」ということは起こりうると認識する必要があります。今世紀最大の災害と言われるスマトラ島沖地震インド洋津波の被災地インドネシアのバンダ・アチェ市でも国際ボランティアが活躍し、復興プログラムにボランティアが位置付けられました。そして、市内を歩いていた時、大きく「OH GOD！」と書かれた建物を見ました。自然の力になすすべもなく全てを失った方の声です。そのような時に備えて、自然と人間との関係は何かという本来的な問いかけに応える必要があると思います。

本書は、我が国で発生した最大震度7の地震の被災地の状況を視察して「近代消防」等に執筆した内容を加筆修正したものです。そして、数年後に再び訪れた時の復興状況も収録しています。平成に発生した震度7の地震を改めて振り返り、「呼びかけは何か」と共に考えていただく契機になれば幸いと思います。

目次

序　章　日本列島震度7の時代到来

1　平成は巨大災害の時代

令和になり、平成はどのような時代だったかと話題になりました。そのような目で、平成を振り返ると、一番に取り上げられるのが「戦争の無い平和な時代」だと思います。二番目以降は色々あると思いますが、いくつか思いつくままに上げてみますと、「高齢化社会と人口減少社会」、「市町村の大合併」、「Ｊリーグの発足」、携帯電話・スマホの普及による「ＳＮＳの時代」、「駅の近代化」として、切符から自動改札へ、そして磁気カードになりＩＣカード（電子マネー）に…。

色々と上げられますが、私共の関わる建設産業の分野では、「耐震偽装とその後に続く違反建築」があり、加えて大きな問題として「巨大災害の時代」というのがあります。

建設産業の人為的な問題として、「耐震偽装とその後に続く違反建築」を見ると、耐震偽装では一級建築士という設計者に対する不信感が生まれました。これまで手抜き工事は施工業者がするもので、一級建築士はそれをチェックする者という立場でしたが、その守るべき聖域が崩壊した時でした。一級建築士が建築主に違反を強要されてそれに協力したという噂も聞くことはありますが、それは表ざたにはならず、今回の耐震偽装が、最後の砦であった設計士の違反として表ざたになった事件でした。

その後、中小のディベロッパーに対する不信感ばかりではなく、大規模マンションの杭の手抜き工事や免震構造のゴムの違反など、不信感は大手のディベロッパーや業者にまで及び手抜き問題は大きくクローズアップされました。そして、最近では、よく知られた事業者の設計、施工による賃貸住宅まで、建築基準法違反が取り上げられました。

このようなところが、平成に手抜き工事として大きく取り上げられてきましたが、小さなところでの手抜き工事はよく見られてきました。その筆頭格がブロック塀問題です。昭和53年の宮城県沖地震でブロック塀の倒壊による死者が多かったため、ブロック塀の手抜き工事による施工不良が問題にされ、その後の地震でも必ずと言ってよいほど取り上げられてきました。ただ、それが悲惨な死亡事故につながらなかったために、大きな社会問題としては取り上げられなかったように思います。

それが、平成30年の高槻市の寿栄小学校のブロック塀事故で女子小学生が亡くなり大きくクローズアップされ、公共建築における見直しが行われました。

こうしてみると、違反建築はいつの時代も存在し、そうすぐには無くなるものではないこととして、一般的には認識されているように思います。しかし、これからは「市民の目の時代」です。自分の財産となる住まいにはしっかりと気を付けたいものです。

一方、自然災害という面から「巨大災害の時代」を見ると、火山噴火や豪雨そして津波もありましたが、平成時代の特徴は、震度７の地震が多発したことです。

本書では、ここに視点を当て、巨大災害の中でも地震を取り上げ、平成は「日本列島震度７の時代到来」と捉え、巨大災害の時代への呼びかけとして受け止めたいと思います。

2　震度階級の歴史

地震の大きさを表す指標としてはマグニチュードがあります。そのような観点からは、震度ばかりではなく、マグニチュードも取り上げて論じるべきと思います。しかし我が国において、地震が発生した時、ＴＶで表示されるのは震度です。それを見て一般市民はどうするべきか判断します。そのように一般市民にとって生活に密接に関わる問題が震度です。そこで、ここではマグニチュードは別にして震度で話を進めたいと思います。

震度のランクを気象庁では震度階と呼んでいます。震度階に震度7が設けられたのは昭和24年（1949年）からで、前年の福井地震が契機となっています。

しかし、震度7が設けられたものの、震度7が観測されたのは、平成7年（1995年）の兵庫県南部地震（阪神・淡路大震災）が最初です。設けられたにもかかわらず、約50年間震度7は発生しませんでした。しかし、その後の平成30年（2018年）の北海道胆振東部地震まで震度7は6回発生しました。しかも、北海道から九州まで発生しています。それ以前の状況から見てもこれは多すぎます。このような状況を見て、平成は「日本列島震度7の時代到来」と言っても過言ではないように思います。

ここで、すこし震度の歴史に触れたいと思います。

明治13年（1884年）に『地震報告心得』がまとめられ、これが日本最初の統一様式による震度階級となりました。当時は「微震」・「弱震」・「強震」・「烈震」の4段階でした。

その後、明治31年（1898年）に微震の前に「微震（感覚ナシ）」、微震と弱震の間に「弱震（震度弱キ方）」、弱震と強震の間に「強震（震度弱キ方）」が追加されるとともに、０から６までの数字が振られ７段階となりました。

昭和11年（１９３６年）には現在の地震観測指針にあたる内規「地震観測法」が定められ、「微震（感覚ナシ）」を「無感」、「弱震（震度弱キ方）」を「軽震」、「強震（震度弱キ方）」を「中震」に改称しました。

そして、昭和24年（１９４９年）に震度７が設けられました。

１９９０年まで「震度」は各地の気象庁職員が感じた揺れや建物の倒壊程度などから、０（無冠）〜７（激震）を判断していました。しかし、客観的な測定の必要性から、１９９０年から各地の気象台に震度計が設置され、機械測定が始まりました。兵庫県南部地震後の１９９６年からは、自治体も震度計を相次ぎ設置することになりました。そして、震度はすべて「計測震度」となり、震度も10段階に細分化されました（**表１**）。

表1　震度階級と名称の変遷

1884年〜1898年		微震	弱震		強震		烈震			
1898年〜1936年	震度0／微震（感覚ナシ）	震度1／微震	震度2／弱震（震度弱キ方）	震度3／弱震	震度4／強震（震度弱キ方）	震度5／強震		震度6／烈震		
1936年〜1949年	震度0／無感	震度1／微震	震度2／軽震	震度3／弱震	震度4／中震	震度5／強震		震6／烈震		
1949年〜1996年	震度0／無感	震度1／微震	震度2／軽震	震度3／弱震	震度4／中震	震度5／強震		震度6／烈震		震度7／激震
1996年〜現在	震度0	震度1	震度2	震度3	震度4	震度5弱	震度5強	震度6弱	震度6強	震度7

（参考：「震度の活用と震度階級の変遷等に関する参考資料」気象庁、平成21年3月）

（なおここでは、震度階級の数字はアラビア数字とした。）

・１８８４年：「地震報告心得」
「微震」・「弱震」・「強震」・「烈震」
・１８９８年：数字が振られ7段階に
０「微震（感覚ナシ）」・１「微震」・２「弱震（震度弱キ方）」・３「弱震」・４「強震（震度

弱キ方)」・5「強震」・6「烈震」
・1936年：「地震観測法」
0「無感」・1「微震」・2「軽震」・3「弱震」・4「中震」・5「強震」・6「烈震」
・1949年：「地震観測法の改正」
0「無感」・1「微震」・2「軽震」・3「弱震」・4「中震」・5「強震」・6「烈震」・7「激震」
・1990年：機械による「計測震度」
・1996年：10段階になった。
0、1、2、3、4、5弱、5強、6弱、6強、7

3　震度7の地震

ここで、これまでに発生した震度7の地震の概要について述べたいと思います。参考までに震度7の地震と震度7クラスの地震である関東地震と福井地震を**次頁の表2**に整理します。

	各地の震度	津波の有無	被害状況			
			人的被害		住家等被害	
			死者（行方不明者）（人）	負傷者（人）	全壊（棟）	火災
	震度7 兵庫県 神戸市 芦屋市 西宮市 宝塚市 淡路島3町	なし	6,434 (3)	43,792	104,906	7,574棟
	震度7 新潟県川口町	なし	68	4,805	3175	9件
	震度7 宮城県栗原市	各沿岸部に巨大津波あり	19,689 (2,563)	6,233	121,995	330件
	震度7 熊本県益城町	なし	273	2,809	8,667	15件
	震度7 熊本県益城町	なし				
	震度7 北海道厚真町	なし	43	782	4,469	重要施設等における火災は2件
	震度7相当 小田原、相模湾岸地域、房総半島南部など（推定）	太平洋沿岸地域から伊豆諸島にかけて津波あり	死傷者 105,385		109,713	212,353棟
	震度7相当 福井県福井市	なし	死者・行方不明者 3,769	22,203	36,184	3,851棟

の面積×ずれた量×岩石の硬さ）をもとにして計算したもので、規模の大き

表２　震度７の地震と震度７相当の地震一覧表

地震名	発生日時	震央地名	震源の深さ km	マグニチュード
兵庫県南部地震 （阪神・淡路大震災）	平成７年（1995年） １月17日㈫ ５時46分頃	淡路島	16	7.3
新潟県中越地震	平成16年（2004年） 10月23日㈯ 17時56分頃	新潟県 中越地方	13	6.8
東北地方太平洋沖地震 （東日本大震災）	平成23年（2011年） ３月11日㈮ 14時46分頃	三陸沖	24	モーメントマグニチュード9.0※
熊本地震（前震）	平成28年（2016年） ４月14日㈭ 21時26分頃	熊本県 熊本地方	11	6.5
熊本地震（本震）	平成28年（2016年） ４月16日㈯ １時25分頃	熊本県 熊本地方	12	7.3
北海道胆振東部地震	平成30年（2018年） ９月６日㈭ ３時07分頃	胆振地方 中東部	37	6.7（暫定値）
《参考１》 関東地震 （関東大震災）	大正12年（1923年） ９月１日㈯ 11時58分頃	山梨県東部、または神奈川県西部、または相模湾	0～10 または 25	7.9
《参考２》 福井地震	昭和23年（1948年） ６月28日㈪ 16時13分頃	福井県嶺北地方	ごく浅い	7.1

※モーメントマグニチュードとは、地下岩盤のずれの規模（ずれ動いた部分
な地震を正確に表すのに有効である。

⑴ 阪神・淡路大震災（1995年）

最初の震度7の地震は、平成7年（1995年）に発生した阪神・淡路大震災です。

神戸市を中心に甚大な被害が発生した震災で、我が国におけるボランティア元年といわれた震災です。9月1日は関東大震災が発生した日で「防災の日」と制定されましたが、阪神・淡路大震災が発生した1月17日はそれに続く「防災とボランティアの日」と制定され、その前後の1週間を「防災とボランティア週間」と制定しました、これ以後、災害では多くのボランティアが活躍するようになり、行政による公助で足りない部分を補うことや、被災者と行政をつなぐことなどを目的として多くの活動が展開されました。

そしてこの震災では、昭和56年（1981年）から適用された「新耐震基準」より前に建設された建物が大きな被害を受けることになり、新耐震基準の正当性が示された時になりました。死者・行方不明者は6，000人を超え、関東大震災以来の大きな災害となりました。そして二次災害の火災により長田区などの密集市街地が大火災となりました。密集市街地の改善が全国的な課題として注目され、その後いわゆる「密集法」といわれる法律が制定されました。

(2) 新潟県中越地震（２００４年）

２番目の震度７の地震は、新潟県の川口町を震源として発生しました。

それまでの大きな地震であった関東大震災や阪神・淡路大震災は都市部に発生した地震でしたが、この地震は山間地で発生した地震でした。そのため、死者・行方不明者は少なかったのですが、新幹線の脱線や、山の崩落により閉じ込められた家族を救う様子、また川がせき止められてできた「天然ダム」に既存の集落が水没していく様子が毎日のようにＴＶで放映されるなど、それまで見てきた都市部の災害とは違った様相を見せました。

避難所では簡易間仕切りが提案され、以後の災害で段ボールによる簡易間仕切りが定着しました。被災した新潟県は越冬をすることになり、雪国の避難者対策も話題になりました。

この地震は、都市ではなく地方の山間地に発生しました。しかも、現在は人口減少の時代で地方は衰退傾向にあります。若者は都会に出て、残された住民には高齢者が多い状況です。

そのような衰退傾向の地方に大地震が発生すると、衰退の傾向を加速させます。冬になると雪下ろしがあり、高齢者のみの家では、雪下ろしの最中に転落したり雪の下になって亡くなった方もいました。この地震は、地方の小さな集落にとって厳しい地震になりました。

(3) 東日本大震災（2011年）

3番目の震度7の地震は、東日本大震災でした。岩手県、宮城県、福島県の広範囲に津波を発生させ、約2万人もの死者・行方不明者が出ました。また地震により、福島県で原子力発電所事故が発生し、周辺に大きな影響をもたらし、現在でもまだ帰宅困難区域が解消されていない地区もあります。そして、原子力発電所の存在に対して大きな議論が起こりました。

一方、津波対策としては、防潮堤のあり方がL1、L2の二段階となり、防潮堤の景観論争もありました。そして、繰り返される津波被害に対して、津波浸水区域の居住制限が設けられました。

海岸沿いの小さな集落は人口減少傾向のためダメージは大きく、津浪被災地の復興には時間がかかっています。

(4) 熊本地震（2016年）

4番目と5番目の震度7の地震が1日おいて2回発生したのが熊本地震でした。大きな地震の後は、小さな余震が発生するという考えからは想定外の出来事でした。当初、震源は益城町と伝えられ、後日修正されましたが、震度7が2回計測されたのは益城町だけでした。それも、それまで地震が少ないと言われてきた地区に発生したとして話題になりました。

これも、農業を営んできた地方の小さな人口減少傾向の自治体が被災した例です。

1回目の地震発生後避難し、収束後家に戻ったところに2回目の地震が発生し、その時に家が崩壊し亡くなった方が多く、応急危険度判定の在り方にも教訓となりました。

熊本の象徴としての熊本城も被災しました。現在、大天守の外観は復興しましたが、全体はまだ復興の途上です。

地域包括ケアのくまもとメディカルネットワークは熊本地震以前から活動をしていましたが、熊本地震により、参加者が増えたとのことです。

(5) 北海道胆振東部地震（２０１８年）

6番目の震度7の地震は、札幌から車で1時間程度、厚真町を震源として発生しました。直前に台風第21号により、多量の雨で地盤が緩んだところに地震が発生した複合災害です。厚真町を中心に周辺の農村が被害を受け、地滑りにより農地も被害を受けました。

また都市部では、札幌市でも盛土の住宅地が液状化の被害を受け、隣接の北広島市でも盛土により造成された住宅地が被害を受けました。

こうしてみると、阪神・淡路大震災が主として都市部の被害が多く、他は地方の被害が多い状況でした。

次の章から、それぞれの地震の被害状況と復興状況をみてみたいと思います。

第１章　阪神・淡路大震災

１　阪神・淡路大震災の被災地を視察して

平成７年（１９９５年）１月17日㈫、昼にＴＶを見たら、阪神・淡路大震災のニュースが目に飛び込んできた。その時の映像は空から見た神戸市の映像であった。何本も煙が立ち上っている状況を見て、これは大変なことになったと思った。やがて画面は高速道路が倒壊して横倒しになった状況を

兵庫県南部地震（阪神・淡路大震災震）被害報
（平成18年５月19日消防庁発表）

発生日時	平成７年１月17日㈫　５時46分
震央地名	淡路島（北緯34度36分、東経135度02分）
震源の深さ	16km
規　模	マグニチュード7.3
各地の震度（震度６以上）	
震度７	兵庫県：神戸市須磨区鷹取・長田区大橋・兵庫区大開・中央区三宮・灘区六甲道・東灘区住吉、芦屋市芦屋駅付近、夙川等、宝塚市の一部、淡路島北部の北淡町、一宮町、津名町の一部
震度６	神戸、洲本
津　波	この地震による津波はなし
人的被害	死者6,434人、重傷者10,683人、軽傷者33,109人
住家被害	全壊104,906棟、半壊144,274棟、一部損壊390,506棟
火　災	建物火災269件、車両火災９件、その他火災15件
焼損床面積	835,858㎡

映した。これは直ぐにでも見に行かなければと思ったと同時に、日米合同防災会議に参加しなかったことを悔やんだ。もし、参加していれば、直ぐに現場の視察に行けたからである。

その時期は、大阪で日米合同防災会議が開催されており、参加申し込みをするかどうか迷った末に、年度末だったので断念していた。丁度米国では、1年前にノースリッジ地震があり、今年はその状況を報告しながらの会議が予定されていた。

被災地に行こうと思ったが、交通の回復状況が捗らず、直ぐには行けなかった。大学院時代の恩師が亡くなり、21日㈯に名古屋で葬儀があったが、年度末が近く、仕事の締切が重なっている時期であり、神戸まで足を延ばす余裕がなくすぐに帰ってきた。

1月25日㈬に日本技術士会の新年会が銀座であった。新しく技術士の資格を取得し、入会していたので新年会に参加した。新年会は、阪神・淡路大震災の話題で持ち切りであった。しかし新年会では、技術士会として被災地の視察に行くというようなことはなさそうだったので、新人技術士の挨拶の順番が回ってきた時、「このような災害の時は技術士会として視察に行くべき」という趣旨の発言をした。

この発言が契機となり、建設部会の川崎部会長から「一緒に行こう」と声がかかり、また新年会に参加していた近畿支部の役員の方ともそのような話になった。

結果的に、これが技術士会としては初めての災害視察となり、東京からは私と川崎建設部会長が行くことになり、神戸の会員である井上氏と一緒に視察することになった。

交通は混乱しており、近畿圏での交通やホテルの事情もあり、結局被災地の神戸市に行けたのは、２月に入ってからだった。

以後は、技術士会の会報（１９９５年5月号）に視察報告をしたものに、加筆修正したものである。

1　被災地の視察

(1)　初日

平成7年（１９９５年）２月３日12時、新幹線で新神戸駅についた。早速、神戸市の技術士会の会員である井上技術士に電話した。目印として黄色い技術士会の腕章をしていると告げ、三宮駅前で待ち合わせることにし、前日井上氏からファックスで送られた地図を頼りに三宮駅に向かって歩いた。

井上氏は被災後、前日に初めて事務所に行ったとのことで、ファックス回線が生きているかどうか試しながらのファックスとのことであった。

新神戸駅から三宮駅まで歩く間に、震災で倒壊した建物（**写真1**）、そして鉄筋コンクリートの柱が破壊され鉄筋がむき出しになっている建物などがあり、次々に写真を撮影した。三宮駅前で井上氏に会い、その日の予定を決めた。井上氏の事務所訪問は後回しにして、とにかく歩いて行けるところを視察することにした。そして、三宮駅周辺および神戸市役所の状況を視察した。

とにかく、どこもかしこも町中が解体工事の重機の音や搬送するためのトラックの騒音で騒々しい。三宮駅周辺もひどかったが（**写真2**）、神戸市役所周辺も大きなビルの被害が多かった。神戸市役所の新館は平成元年（1989年）に竣工した30階建ての建物で、被害を受けて

写真1　地震で被害を受けたビル

写真2　三宮駅周辺の状況

いないようだったが、旧館は途中の6階がつぶれていた（**写真3**）。このような被害を見るのは初めてであった。

　業務が始まっていなかったから良かったものの、勤務時間帯だったら大惨事だっただろう。また新館と旧館をつなぐ渡り廊下も被害を受けていた。そして、神戸市役所の新館の玄関ホールには避難した人達が多い。段ボールを立てて仕切りとしており、玄関ホールのガラス越しに外からも見える状況である（**写真4**）。

　そして、スペースが無くて階段の踊り場を寝床にしている人もいる。これが2週間後の避難生活である。そのような避難者のスペースとは別に、玄関の近くには電話機が

写真３　神戸市役所旧館の被害状況

写真４　神戸市役所で避難生活をしている方々

並んで設置されており、伝言板には、いろいろなメモを書いた紙が貼られている。1階は騒々しいが、2階のホールはまだ1階と違って往来する人が少なく、避難場所としては落ち着いた雰囲気だった。寒い時期に、被災した時の場所取りは大変だろう。

長田区の焼け跡の状況には、言葉が出なかった。狭隘道路が多く木造老朽住宅の多い密集市街地の危険性は理解していたが、二次災害の火災で、これほど延焼するとは思っていなかった（**写真5**）。同時多発火災、そして消火用水の配水管の断裂等により消防活動も十分に行えず、火災の火の勢いのままに町が燃えつくされた状況であった。どこが道路なのかもわからない、火災の後は混乱していた。また、鉄骨造の共同住宅もあったが、周辺の火災の火が強かったのだろう、ガラスは割れ内部はすっ

写真5　長田区の火災の状況

写真6　内部も火災になった共同住宅

かり燃焼していた（写真6）。

どこをどう歩いたのかわからないが、案内されるままカトリックたかとり教会に行くと、教会は崩壊していたが、手を広げたイエス様の像が立っていた。ヘルメットをかぶり復旧のため働いている様子である（写真7）。被災地に来た初日の午後の数時間であったが、三宮駅周辺および長田区等の状況を見て、新聞やＴＶで報道されているのはほんの一部だということが分かった。

長田区を歩いていると、被災された婦人に会い、火災の時の状況を説明していただいた。燃え盛る家の中で「助けて！」という声を聴いたがどうすることもできなかったと語られたが、焼野原となった家の前で、ただただ頑張ってくださいという言葉しかなかった。この地では、住宅で事業を営んでいる方々が多いと聞いたが、併用住宅として商業や工業を営んでいた方々は、住宅と職場の両方を一度に失ってしまったことになった。

大学院時代に密集市街地をテーマに研究していたが、今回の長田区の状況を見て、不燃化と道路の拡幅が課題であると改め

写真７　カトリックたかとり教会

て強く認識した。

長田区を後にし、三宮町の井上氏の事務所に行く途中、傾いたビルなど改めて被害を見た。井上氏の事務所に着くと、時計が5時46分で止まっている。井上氏の案内により、三宮駅周辺と長田区を効率的に視察することができた。

(2) 2日目

2日目の朝はホテルで川崎建設部会長と合流し、一緒に神戸市役所を訪れ、笹山神戸市長に会い協力を申し出た（**写真8**）。市役所の屋上から見ると、中間階が折れたビルが見え地震の強力な破壊力が伺える（**写真9**）。そのあと、洋館の多い重要伝統的建造物

写真８　笹山市長との写真。前列右側が笹山市長、前列左側が筆者

写真９　市役所の屋上から見た状況

群保存地区のある北野地区など、文化庁が視察した歴史的建造物などの被災状況や避難所なども視察した。北野地区はこれまで見てきた場所に比べ、被害は少なかったようだ。重要文化財の風見鶏の館は煙突が折れ、そのままになっていた。また、教会にも被災しているものが多かった（**写真10**）。周辺地区にあった避難所の体育館は、プライバシーが尊重され、中へ入ることは許されなかった。

写真10　倒壊した教会

(3)　3日目

3日目は芦屋市と西宮市の周辺の被災状況を視察した。芦屋市役所でも、神戸市役所と同様に避難者が2階まで入っていた。歩いて被災状況を見るが、家屋の倒壊および新幹線の高架の被害には驚いた。2週間も経過しているので、多少片付いた感じはあるが、高架の部分が折れた被害は、地震の破壊力をまざまざと感じさせられた（**写真11**）。そして、神戸市と同様、重機による瓦礫の撤去工事のため、また運搬する車の交通量が多いため、騒音が多く埃も多かった。高速道路が倒れた区間は、既に高速道路部分は撤去されていたが、高速道路の無くなった部分がポッカリと空き空が見えている状況だった。川崎部会長と、芦屋市と西宮市の災害対策本部にも挨拶にまわり協力を申し出た。

夜は大阪で、理事の山田俊満夫妻と夕食をともにしながら視察の報告会を持った。現地を歩いていると、トイレが使えないため、飲料と食事を控えてきたが、今日は最終日で場所は大阪ということもあり普通に食事をした。3日ぶりの普通の食事なせいか食事が美味しい。水の有難さがわかり、大規模ライフラインの被害の問題が実感できた。

今回は短時間で、多くの場所を視察できた。これは、川崎部会長が、手をつくして視察のための段取りを整えてくれたおかげであった。

写真11　新幹線の高架の被害

2　都市計画上の課題

阪神・淡路大震災にあっては、都市防災の面からも根本的な都市のあり方が問われている。

そのような意味で、今回の震災は今までの都市計画に対する警鐘であった。ここでは、マクロな視点で都市防災の面から都市計画上の課題について述べる。

(1) 都市の立地

かつて技術水準の低い時代に、自然災害は「天災」と捉えられてきた。しかし、技術水準の向上とともに対応力が強化され、自然災害に対する対応も変化してきた。自然災害に対する防災対策の基本原理としては、①対象を強化し、自然現象の破壊力に耐え得るようにする、②自然現象の強さを弱め、対象の強度を越えないようにする、③その両者を併用する、であったが、今回の地震は、これらの方法だけでは大地震の際に対応できないということを教えてくれた。確かに新しい建物には残った建物もあり、また調査が進むにつれ、新しい技術で対応できるという言い方もできようが、科学技術万能という考え方には疑問を感じざるを得ない。

今回の地震の原因としては活断層があげられている。そもそもこのような活断層のある場所は、都市の立地から見直し、危険を回避する計画技術が必要と思われる。都市を立地から見直し、自然災害から見た危険な区域には、土地利用の規制を行い都市構造を改変し、安全な土地に施設を建設するという土地利用が必要と考えられる（**写真12**）。

既存の都市の場合、都市構造の見直し、変革には時間がかかるため、長期的視点に立ち、とりあえず防災拠点ともなる公共施設などを、危険な区域を避けて立地する都市計画が必要と思われる。

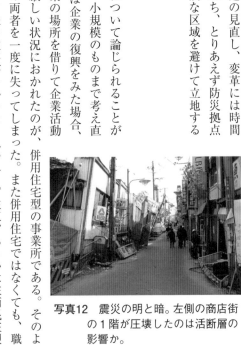

(2) 集中型から分散型都市へ

都市機能の集中は首都機能について論じられることが多かったが、今回の震災では、小規模のものまで考え直す必要にせまられた。たとえば企業の復興をみた場合、大企業の場合は支店や関連企業の場所を借りて企業活動を再開しているが、もっとも厳しい状況におかれたのが、併用住宅型の事業所である。そのような方々は、住まいと事業所の両者を一度に失ってしまった。また併用住宅ではなくても、職住が近接しているところでは、同様の被害が多かったと思われる。住工、あるいは住商混在型の市街地がこのような被害にあったわけである。

写真12　震災の明と暗。左側の商店街の1階が圧壊したのは活断層の影響か。

近年、職住近接型の都市計画が推奨される傾向にあるが、今回の震災は、ただ単にそのような傾向に進むことへの警鐘ともなった。職住分離などの分散型の都市計画の方が住まいと職場を一度に失わなくてもすむ。

トニー・ガルニエは1917年に提示した近代的都市計画理論「工業都市」で、住居地域と工業地域などを明快に分離した提案をしており、近代の都市計画は、都市を構成する機能の地域的な分離がテーマであった。住まいと職場は財産であるとともに活動の拠点である。都市の状況によっては、住まいや職場の両者の全壊を防ぐため、都市防災の面からも再びこのような計画が見直されるべきではないかと思う。

(3) 自立型都市

効率的な都市のシステムとしてライフラインが整備されてきたが、いったんこれが断たれると全体的に都市機能が麻痺してしまう。もちろん強度を強くすることも大切だが、1つのシステムにすべてを頼る方法を見直すことが必要ではないだろうか。また人工的な施設ではなく自然利用型施設への見直しも必要ではないだろうか。

大規模なシステムに頼ると被害も大きくなる。したがって全体を大規模なシステムに頼るばかりではなく、小規模のシステムを組み合わせる方法が検討されるべきだろう。例えば、雨水の利用やソーラー発電などにより、防災拠点となるような公共施設は、水や電気などを自立できるシステムにするなど、自立型の都市へと変革することも検討課題であろう。

雨水の利用など、このような問題は、環境問題の視点から論じられてきたが、都市防災の面からも見直されるべきではないかと思う。

（月刊誌「技術士」1995年5月号掲載原稿を加筆修正）

2　阪神・淡路大震災から20年以上経過して

1　ボランティアによる活動

阪神・淡路大震災は、我が国の災害対策に新たな展開をもたらした。その中で最も大きかったのはボランティア活動である。地震発生後マスコミで盛んに使用された「ボランティア元年」という言葉に象徴されるように、その後の我が国の災害対策にはボランティアが欠かせないものとなり、災害対策の上で歴史的な出来事であった。

発災直後に、国内外から多くのボランティアが駆け付け、救援物資の搬出・搬入、避難者の支援、炊き出し、水汲み、安否の確認、介護等、その場のニーズに対応した活動を行った。その結果、広く国民にボランティアの重要性が認識され、我が国のその後の災害で、各種のボランティア活動が根付くようになり、ボランティア活動はそれまでの災害対策を変えた。

そして、政府は1月17日を「防災とボランティアの日」、1月15日から1月21日までを「防災とボランティアの週間」と定め、この1週間に、防災関連の関係諸機関は、災害時のボランティア活動と自主的な防災活動の普及のための行事を実施することになった。

これは大きな転換であり、それまでの災害対策が、耐震補強、不燃化、液状化対策のようなハード面に重心が置かれてきたが、人のネットワークや物のネットワークというようなソフト面の充実を加えて、「社会の防災性能の向上」へと向かうようになった。そして自治体ではネットワークの構築が課題となり、多くの団体と協定を締結するようになった。

2　まちづくり協議会

その後、何度か神戸市を訪れ、被災地の復興状況を視察した。そして、復興に当たっても、新しい方法が根付くようになった。それは、「まちづくり協議会」が中心となって合意形成をする方法が採用されたことである。そのあり方は、その後の震災復興の、基本的な方法になった。そしてそれは、震災時ばかりではなく、日常的にもまちづくり協議会を設置し、多くの諸問題に対応するところが増えるようになった。

特に、密集市街地の場合、道路を拡幅する必要があり、そのような計画作りをする時に、まちづくり協議会は議論を集約する場として機能した。そしてその後、この方法が発展し、地区計画にも有効に働いた。

地区計画はまちづくりのルールを住民で定める方法である。いわゆる住民参加によるルールづくりであるが、その時に、まちづくり協議会が住民の合意形成を図る手段として機能した。

3　２０１８年11月の視察

今回、直近の視察報告ということで、平成30年（２０１８年）の秋に長田区を中心に視察をした状況を報告したい。震災から既に20年以上経過しており、ここでは、以前の町がどのようになったのかということに焦点をあてて報告したい。

(1) 神戸市庁舎

最初に神戸市庁舎である。神戸市庁舎の被害は衝撃的であった。官公庁の建物がこのように被災することが驚きであった。渡り廊下が被害を受け市庁舎の２号館は６階部分が被災した。その後、５階以上を撤去再整備し、平成８年（１９９６年）３

写真13　神戸市役所（神戸市ＨＰより）

月15日より5階建ての庁舎として使用を再開している（**写真13**）。そして、現在、本庁舎2号館は建替えを検討している。

(2) 長田総合庁舎

長田総合庁舎に立ち寄った。現在ではあまり復興状況を聞きに来る人は少ないと言われたが、住宅地の区画整理と駅前再開発についてお伺いした。そして、当時の密集市街地が火災に遭うことも無く、まだ残っているところがあると聞いた。その場所を聞き、最初にそこへ立ち寄ることにし、その後、長田区の復興状況を視察した。

総合庁舎の建物は、平成5年（1993年）に現在地に移転した建物である。

(3) 残された密集市街地

残された密集市街地はそれほど広くはなかった。しかし、道路が狭く、建物も老朽化している。被災後に見た焼け野原は、

写真14　残されている長田区の密集地区

以前はこういう状況だったのかと思いながら見て歩いた（写真14）。しかし、このような密集市街地でも、比較的大きな地主がいたのだろう、建売住宅であろうか、木造3階建てに建替えているところもあった。こういうところの建替えは道路の拡幅が4ｍであり、東京の密集市街地でも良く見られる3階建ての建物が並んでいた（写真15）。

写真15　3階建てによる建売住宅の開発

写真16　公園

(4) 区画整理による住宅地

その後、徐々に焼野原になった被災地で区画整理が行われているところに来た。道路が広く公園もあり広々としている（写真16）。建物の高さは、基本的に2階建てである。道路が広いため空が広く見えるのが良く圧迫感がない。道路と歩道のデザインが整えられ、被災地は、幅員の広い道路で区画整理され、安全なまちとなった**（写真17）**。

⑸　新長田駅周辺

新長田駅周辺は、工場、店舗、長屋、アパートが混在し密集していた状況であった。木造建物は倒壊し、さらに火災にもなった。そのため、全面的な再開発事業が行われることになった。再開発事業により、駅周辺は商店街とマンションが一体になった複合商業施設に生まれ変わることになった。新長田駅周辺の再開発のパワーに圧倒される**（写真18、写真19）**。

ちょっと離れたところに公園があり、大きなモニュメントがある。それは神戸市出身の

写真17　区画整理された長田区

写真18　新長田駅周辺の再開発①
駅周辺の状況

漫画家、故横山光輝さんの作品の「鉄人28号」のキャラクターで、平成21年（2009年）10月に完成したとのことである。地元商店街などが中心となって、NPO法人KOBE鉄人プロジェクトを立ち上げて設置されたもので、震災復興と地域活性化のシンボルとしての期待を託されている（写真20）。

写真19　新長田駅周辺の再開発②
商店街とマンションの複合施設の状況

写真20　鉄人28号

(6) 教会

鷹取地区の区画整理した住宅地を回り、カトリックたかとり教会に行った。以前はここで、イエス様の像を見たと思いながら敷地内に入れていただいた。その像はすぐに分かった。信者の方に聞くと、イエス様の像は、震災後一旦動かしたが、最終的に元の位置に戻したということであった。震災後の状況では、建物には囲まれていなかったようだが、その後の教会の復興計画で、建物により像のある中庭を囲むプランにしたのだろう（写真21、写真22）。

写真21　区画整理された鷹取地区。右側がカトリックたかとり教会

写真22　カトリックたかとり教会のイエス様

4　結びに代えて

震災発生後、5年間程度は時々視察に行ったが、それ以後はあまり行かなくなった。特に新

潟県中越地震後は足が遠のいてしまった。しかし、今回は震災から20年を超えたので回ってみようと思い、長田区の焼野原となった密集市街地のその後を見に行った。しかし、当時はほとんどが焼野原となり、どこをどう歩いたのかもわからず、目印がない状況でほとんど思い出せなかった。かろうじて思い出したのが、カトリックたかとり教会のイエス様の像であった。

ましてや区画整理された状況では、ますます思い出せない。しかし、区画整理により道路が広がり安全な町になった状況をみることが出来た。また鉄筋コンクリート造による不燃化した駅前の再開発をみることが出来た。このような状況であれば、密集市街地であった長田区の悲劇は二度と繰り返すことはないだろう。

阪神・淡路大震災の発災当時の私の悔いは、大阪で開催されていた、国際会議に参加しなかったことであった。そのため、現地視察が遅れてしまった。その反省から、その後、大きな国際会議には出来るだけ参加するように努めることになった。翌年はパサデナ（アメリカ・カリフォルニア州）で開催された日米合同防災会議には参加した。そこで阪神・淡路大震災でのオープンスペースの使われ方や、日本ではオープンスペースが少なく、公園をやりくりしながら使った状況を報告した。しかしこの報告はアメリカ人には全く受けなかった。広い国土を持つアメリカでは考えられないことなのだろう。土地利用の違いを見せつけられることになった。またノースリッジ地震の被災地を視察した。

そして、それまで防災の本が少なかったため、阪神・淡路大震災を機会に「地域・地区防災まちづくり」（オーム社）を執筆し、またこれからの防災には市民によるネットワークが重要になるとの思いから「防災と市民ネットワーク」（学芸出版社）という本を上奏させていただいた。そして、東日本大震災後「防災と市民ネットワーク」はタイトルを「減災と市民ネットワーク」として内容も改めた。

第２章　新潟県中越地震

１　新潟県中越地震の被災地を視察して

平成16年（２００４年）の10月は災害の多い月だった。９日は台風第22号そして20日は台風第23号が我が国の広範囲にわたり水害をもたらした。そして23日㈯午後５時56分に川口町を中心に新潟県中越地震が発生し、関連死を含め68人の死者を出した。ここでは新潟県中越地震について発生から

平成16年（2004年）新潟県中越地震 被害報
（平成21年10月21日消防庁発表）

発生日時	平成16年10月23日　17時56分頃
震央地名	新潟県中越地方（北緯37度18分、東経138度52分）
震源の深さ	13km
規　　模	マグニチュード6.8
各地の震度（震度６強以上）	
震度７	新潟県：川口町
震度６強	新潟県：小千谷市、小国町・山古志村（現・長岡市）
津　　波	この地震による津波はなし
人的被害	死者68人、重傷者633人、軽傷者4,172人
住家被害	全壊3,175棟、半壊13,810棟、一部損壊105,682棟
避難者	10万3,178人（ピーク時）※
応急仮設住宅数	3,360戸※
応急仮設住宅入居者数	9,649人（ピーク時）※

※　新潟県中越大震災復興検証報告書（新潟県中越大震災復興検証調査会）より

2か月までの状況と避難所の間仕切りについての提案を報告する。

1　発生した各種の被害

地震発生後新幹線の脱線（写真23）が報道された。その映像は今回の地震を象徴する映像となった。

線路が直線区間であったこと、対向の車両がなかったことなどが重なり、死者はなく大惨事にならなかったのが幸いであった。しかし、新幹線の初めての脱線ということで大きく報道された。高架鉄道が崩壊した阪神・淡路大震災ほどの被害ではなかったが、新幹線をよく利用する方は、恐怖感を味わっただろう。線路を支える橋脚を見ると補強工事はされていなかった。

新幹線と道路が崩壊した映像などを見た時は、昭和39年（1964年）6月16日に発生した新潟地震を思い出した。新潟地震はマグニチュード7・5で、死者数は26人と少なかった

写真23　新幹線の被害

が、鉄道、道路、橋が寸断、崩壊し、都市のインフラの被害が大きかった。被害が大きかった原因は液状化で、これ以降液状化対策が本格的に行われるようになった。

今回の地震も地盤の被害であった。徐々に報道される映像が家屋の倒壊や道路、鉄道、トンネル、橋梁の被害であり、それは斜面崩壊や地割れなど地盤に関連する被害であった。

道路の崩壊も多く、車が通行中のことを思うと背筋が凍るような状況であった。特に斜面を通る道路を通行する車は斜面崩落によりそのまま川に転落する状況であった。崩落部分の周辺は路面にひび割れが多く、余震でさらに広がる状況と思えた。

新幹線以外の鉄道では、地盤沈下で線路は寸断され、波打っている状況（**写真24**）もあった。トンネルは天井や側壁が崩落している状況であった。橋梁を見

写真24　道路、鉄道の被害

写真25　鉄橋の橋脚部の被害

ると、斜面が下がり橋脚の基礎がむき出しになった状況等（写真25）、そして橋脚と橋の接合部のストッパーが破壊され、コンクリート面に鉄骨がめり込んでいる状況もあった。

山の斜面の崩落は河川に大きな被害を及ぼした。コンクリートの護岸が崩壊、土石流による被害は甚大であった。そして避難勧告を受け無人となった村は、人の気配が全くなく、ノースリッジ地震で、震災後町を捨てて移転しそのまま残され、やがてゴーストタウンとなった状況を思い出した。

余震が長期間続く中で被害の全貌が徐々に明らかになってきた。

今回の地震は山間地域の被害が多く、孤立した地区も多くあり、我が国においては新しい災害であることが認識されてきた。

7月13日に発生した新潟・福島豪雨、加えて台風第22号や第23号のように相次ぐ降雨で地盤が緩み、そのような状況のなかで地震が発生し、被害は多方面にわたった。また錦鯉の里として知られる山古志村などはもともと地盤の弱い地区であったという指摘、また棚田を養鯉池にしたため、常に地中に水を供給する状況をつくり、そこへ台風による降雨が重なり今回のような被害を起こしたという指摘もあった。

平成17年の1月17日は阪神・淡路大震災から10周年を向かえる。今回の災害発生時はそれに関わるイベントの内容を確定する時期でもあり、マスコミは、阪神・淡路大震災と比較した。そして妙見地区の斜面崩落（写真26）における道路とトンネルの被害、そして優太君の救出と真優ちゃんの遺体搬出も今回の地震の象徴的な出来事として報道された。

避難者数は一時期10万人を超え、これら避難者の対策は相当の規模になると思われた。避難者には体育館ではストレスが多いとして自家用車に宿泊する人もあり、そのような中からエコノミー症候群になり死亡する人が出、マスコミで大きな話題となった。そして災害の新たな側面として避難所のプライバシーの確保やストレスを解消することが課題となった。

その後も余震は続き、雨は降り山崩れはついに天然ダムを造り、村を水没させた。日々ＴＶで報道される山古志村の水没の進行状況に、自然の力の前にはどうしようもない無力感を感じさせられた。

しかし、２週間経過し、３週間経過していくと避難者数が少なくなった。また、余震も小さくなり仮設住宅の話題も出るようになった。

写真26　妙見地区の斜面崩落

2　建物被害

川口町の建物被害を見ると、中心部はほとんどの建物が被災した。川口町役場を中心とした国道17号と越後川口駅に挟まれた区域の建物被害は甚大であった。駅前から国道17号に通じる通りとその通りに直行する通り沿いに被害が集中している（写真27）。この通り沿いの倒壊状況は阪神・淡路大震災の再現のようであった。

しかし倒壊しているものは、ほとんどが古い木造建物であった。そして商店では一階の前面の開口部が多いため、1階の倒壊が目立った（写真28）。新しい建物の倒壊は少なかった。

中心部における歴史的建造物の被害は甚大であった。町指定

写真27　川口町の建物被害①

写真28　川口町の建物被害②

文化財の主屋は傾き、土蔵の蔵は土が剥離し建物は今にも崩れんばかりの傾斜であった。

お寺の被害も甚大で倒壊しないように支柱で支えている状況であり、また、墓石の倒壊もひどく内部の骨が見えるものなどもあった。

他地区を見ても、倒壊している建物は古い木造であり、木造でも新しい建物は倒壊しているのはあまり見られなかった。特に1階を鉄筋コンクリート造で車庫や倉庫とし、2階、3階を木造の居住部分としている耐雪型の住宅は大丈夫であった。しかし、そのように外見上大丈夫と見られる建物でも赤紙を貼られているものもあった。それは、地盤の被害により傾斜している建物であった。つまり、新しい建物は建物としては大丈夫であったが、地盤の被害により使えない状況であった。そのため、これからは地盤対策が課題である。

また、鉄筋コンクリート造の建物被害も地割れ等の地盤による被害が多く、建物が傾斜し、使用不能の状況に陥っている場合が多い。

市街地の中で急傾斜地崩壊危険地区に指定されている部分等でも斜面の崩壊は著しく、近くの住宅に被害を及ぼす寸前の状況もあった。

また市街地の道路には、消雪パイプ沿いの陥没被害が目立った。これは、消雪のための放水により地盤が軟弱となったためと思われ、今後、消雪パイプ対策が課題となる。

3　オープン・スペース等の使われ方

(1) 避難所や拠点としての市役所

阪神・淡路大震災の時は、市役所などの公共施設が避難所として使われた。また、公園などのオープン・スペースもテント村となり避難所として使われた。市民が押しよせ、市役所が被災者を受け入れた時は、応急的な処置としてその対応が評価された。そしてそのまま、被災者は長期間市役所で避難生活をすることになった。しかし、市役所は災害対策本部が設置される場所である。そのため、時間の経過とともに、復旧活動に対応する際に避難者が支障となる場合も多くなった。そのため、阪神・淡路大震災の教訓として、市役所には避難者を受け入れないということが挙げられた。

今回の新潟県中越地震を見ると、この教訓はほぼ守られたようである。長岡市では当初150人の被災者が市役所に避難したといわれているが、その後避難所へと移動することになった。つまり、今回の地震で、行政の救急救助・復旧活動においては、避難者が支障になることは少なく、通常の業務も概ね果たすことができた。

そして、阪神・淡路大震災の時には、市役所前の広場には避難者のテントやボランティアのテントもあったが、今回の地震では、市役所前の広場は自衛隊や消防などの防災関連機関の拠点や駐車場となり、またマスコミの拠点ともなった。マスコミの拠点としては、迅速な報道という面でも有効であった。

小千谷市、長岡市、川口町の庁舎前広場はそのような機関の駐車場として整然としていた。少なくともボランティアの拠点はなく市役所とともに市役所前の広場の使い方には、阪神・淡路大震災の教訓が生かされている。

⑵ 他の避難所

被災者は主として体育館の避難所に収容された。しかし、到底収容しきれず、多くの被災者がテント生活を余儀なくされた。幸いなことに大都市が被災した阪神・淡路大震災と異なり、今回の主な被災地は地方の市町村で、オープン・スペースが多かった。

体育館に収容されなかった被災者は、被災地近くのオープン・スペースや幼稚園の園庭などのテント村に収容された。テント村には、自衛隊のテントが使われた。そして、このようなところで応急仮設住宅ができるまで生活することになったが、被災地近くにこのような避難所が確保出来たということは幸いであった。

川口町では魚野川の河川敷が自衛隊の宿営地と被災者の避難所として使われた。しかし、魚野川が土石流の恐れがあるとして、避難所は2週間後に撤去された。

(3) 自衛隊の宿営地

阪神・淡路大震災で自衛隊は被災地の近くのオープン・スペースをあまり使わなかった。しかし、川口町では被災地の近くの国道17号と平行に走る魚野川の河川敷に宿営地を設置した（**写真29**）。被災地まで徒歩数分の距離で、余震に対する救急救助体制も万全であった。ここではお風呂もあり、被災者は近くで使いやすかった。

また長岡市では公園の中の新産体育館も避難所になった。ここでは公園が自衛隊の宿営地であった。そのため、いざというときの避難者への緊急対応や、入浴サービスは効果的だった。

また、小千谷市では高等学校の校庭が自衛隊の宿営地として使われるなど、多くのオープン・スペースが宿営地として使われた。

写真29　自衛隊の宿営地（川口町）

このような自衛隊の宿営地のあり方は、阪神・淡路大震災の教訓が生かされ、被災地や避難所との関係を効果的に考え設置している状況が見られた。

(4) ボランティアの拠点

阪神・淡路大震災はボランティアの活動が話題となり、その年は我が国におけるボランティア元年とまでいわれた。しかし、多くのボランティアが集まったが、全体として調整がとれたわけではなく、それぞれのボランティアが独自に動き、活動拠点のつくり方もバラバラだった。また、活動拠点とした公園では公的機関との競合や被災者との競合という問題も発生した。

その時の教訓を踏まえ、以後の災害でボランティアのあり方が検討され、教訓が蓄積されていった。

川口町におけるボランティアの拠点は魚野川の被災地の対岸の土手に設置された（**写真30**）。川の対岸とはいえ、橋が近くにあり被災地には近接した場所である。ここにはボランティア

写真30　ボランティアのテント

の駐車場も整備され、公的機関の邪魔にならず、また被災者とも離れ独立したスペースを確保された。そのようにボランティアの活動拠点は過去の教訓を生かし、条件の良いところに設置された。

(5) その他

被災地は都市部と違い山間地域でオープン・スペースが十分にあるという状況が、今回の救急救助活動、そして復旧活動を円滑にさせた。そして、オープン・スペースの使い方は、阪神・淡路大震災やそれに続く災害の教訓を生かしている。

4　避難所における提案

今回の地震で、一時期避難者は10万人を超えた。そして体育館の避難所でストレスからの解放を求めて、自家用車に車中泊する避難者が増えた。そこで発生したのがエコノミー症候群による死者である。これまでの災害では無かった現象として話題となり、マスコミは避難所の環境の改善を訴えた。しかし有効な解決策は見出せないまま時間は経過した。

避難者は徐々に減り2週間後には1万人台となった。人数が減った分、ストレスからは解放され、また応急仮設住宅の建設が間近というニュースは、もう少し待てば良いと被災者を明るくした。

遅かったと思われたが、避難所のストレスの軽減を目的として簡易なパーティションを考案した。身長を隠す高いパーティションでは、開放感が無くなり、パーティションを止めるための工夫もいる。そのため、座った時に視線を遮ることができるようにハーフサイズのパーティションとした。1枚の合板を半分にカットしただけだが、座った時の視線と声の直接音も遮ることができ、家族の掲示板として使うことも可能である。

このアイディアを東京建具協同組合に持ちかけた。そして、子供でも女性でも高齢者でも工具を使わずに簡単に組み立て、設置できるようにするため、金具を使わないことにし、組合員の協力で試作品を製作した。当初は厚さ12ミリの榀《シナ》の合板を半分にカットしたが、更なる軽量化を目的とし、厚さを9ミリの桐が提案された。ちょっと高級すぎると思ったが良しとした。

写真31　長岡市新産体育館避難所

11月15日(月)の朝、試作品を携えて、長岡市役所に向かった。

長岡市役所の福祉総務課に見ていただいた。現物を見た担当者は、これは使えると思ったようだ。今の時期は避難所は閉鎖しつつあり、また全ての避難所に入れるには予算の問題もあり不可能である。ただし、長期化する避難所もあるので検討する、との返事

ストレス軽減 少しでも

東京建具協同組合 長岡の避難所へ間仕切り

木工業者でつくる東京建具協同組合（深谷久志理事長）はこのほど、長岡市太田地区の住民が避難している新産体育館を訪れ、桐で作られた間仕切りを贈った。

避難所は周りに迷惑を掛けないよう気を使うなど、ストレスがたまりやすいことから、建築家三船康道さん（東京都在住）が間仕切りの提供を提案、同組合が二十セットを完成させた。

サイズは九十㌢四方で重さは約一㌔。二つの土台部分に板をはめ込むだけで簡単に設置でき、組み立ても移動も簡単。

避難者からは「渡された資料を張っておくのにちょうどいい」「出入り口から入る冷たい風をしのぐのにも使える」と評判は上々だった。

三船さんは「板をはずして積み重ねておけば場所も取らない。避難所に常時置いてもらってもいいのではないか」と話している。

避難所に設置された木製の間仕切り。軽くて持ち運びが簡単＝長岡市新産２の新産体育館

写真32　新潟日報2004年11月26日号掲載記事

だった。今回については、50個程度は寄付しますと伝え、試作品は長岡市役所に置いて帰った。

17日㈬の夕方、担当者よりファックスが入った。20枚欲しいとのことであった。送り先は新産体育館避難所であった。早速組合に伝えた。そして、22日㈪には宅急便を発送できるようにお願いした。23日㈫の朝、早い新幹線で避難所へ行った。10時30分、新産体育館避難所に着いた。体育館の中に入ると、もうすでに使われているのが目に付いた（**写真31**）。使用状況を聞くと、非常に便利で良いものを送っていただいた。との返事であった。軽くて誰でも自由に使えるのが良く、いいものを考えていただいた、との返事であった。新潟日報はこの件を26日㈮に掲載してくれた（**写真32**）。

この簡易間仕切りの特徴は、家族情報の貼り紙や配布された書類も貼ることのできる掲示板にもなることだ。プラスチック製より木のため人に優しく、ダンボールやビニールよりしっかりしている。そして足をはずすと重ねることができ、収納にもスペースをとらず、かつまた安価なため、体育館のような大空間の避難所では、常備の備品としても良いと思われる。今後の使い方に期待したいと思っている。

5　2か月を振り返って

最後に、2か月経過した状況を見て、今後の復旧及び復興について展望を述べたい。

復旧・復興には、大別して3つのゾーニングに分けられる。第一には、「以前のように復旧する地区」で、基本的に地区の構造を変えずにほとんど以前のように復旧・復興する地区である。第二に、「地区の構造を変えて復旧・復興する地区」で、被害の大きかった地区や脆弱な地区は、地区の構造を変え安全な地区として復旧・復興する地区である。そして第三に、「自然保全区域とする地区」で、村を離れ新しい土地を求める決意をした地区もあったように、被災状況を判断し復旧せずに自然保全区域として復興する地区である。

いずれにしろ、町や村の将来像については、住民同士で十分に話し合う必要がある。そして今回の地震を契機として、新たな将来像を目標に安全な町や村を創造していくことが課題となる。

（季刊「まちづくり」2005年4月号掲載原稿を加筆修正）

2　新潟県中越地震から1年後の旧山古志村を歩いて

新潟県中越地震は平成16年（２００４年）10月23日に発生した。新幹線脱線のニュース映像が真っ先に飛び込み、そのショックは日本列島を揺るがせた。発生したのが阪神・淡路大震災から約十年ということもあり、全国的な話題となった。

しかし、新潟県中越地震は、阪神・淡路大震災のような都市型の地震とは性格が異なり、山間地械での地震で、我が国でも新たな地震として受け止められた。被害状況が明らかになっていくなかで、妙見地区の崩落事故における優太ちゃんの救出劇と真優ちゃんの遺体の搬出劇もこの地震の特徴として印象付けられた。

そして、山古志村の被害状況も大きな話題となった。斜面の崩落が川をせき止め、天然のダムとなり、川の水位が日ごとに高くなり池となり、徐々に家の1階部分をのみ込み、続いて2階部分ものみ込み、そして全てをのみ込みやがて大きな湖となっていく状況がTVを通して連日報道された。

そして棚田の被害も今回の地震の特徴としてあげられた。かつまた、棚田が養鯉池として転換利用され、その養鯉池が被災し、錦鯉の被害が大きく取りあげられた。

我が国のこれまでの地震には無かったようなこれらの出来事が、新潟県中越地震の特徴であり、そのこともあって深く印象付けられた地震であった。

震源は川口町であり、川口町を中心に周辺の市町村は大きな被害を被り、川口町を中心に被災状況を視察した。その後、冬となり積雪の時期を迎え、倒れかけた家に雪が積もり倒壊に至ったという雪害も話題となった。そして雪解けを向かえ、復旧工事に取り掛かることになった。

発災から約1年後の11月上旬に山古志地域（旧山古志村：現長岡市）のいくつかの集落について視察を行った。

山古志地域は地震発生以来、避難指示が縦続的に発令されており、被災者は仮設住宅に移り基本的に倒壊家屋の撤去は行われていない。そのため、復旧工事を進めているところもあるが、概ね地震発生時の状況を示している地域である。ライフライン等の状況は**表3**のとおり。今回は、そのなかから

表３　山古志地域のライフラインの復旧状況
（平成17年９月１日現在　資料提供：長岡市）

種　別	復旧状況等
電　気	山古志地域の油夫、梶金、大久保、木篭、池谷及び楢木の６集落159世帯が未復旧
電　話	山古志地域の油夫、梶金、大久保、木篭、池谷及び楢木の６集落159世帯が未復旧（山古志地域の固定電話の復旧については、加入者の申請により通信が可能）
上水道	山古志地域の油夫、梶金、大久保、木篭、池谷及び楢木の６集落159世帯が未復旧。その他の山古志地域は、仮水源を求める等による仮復旧

いくつかの集落について報告する。

1　旧山古志村役場周辺

旧山古志村役場（写真33）は傾いたままになっており、建物周辺の陥没状況などもそのままの状況が残されたままであり建物と周辺は復旧されていない。そのため被災状況が未だに直接的に伝わってくる。周辺の斜面の崩落については、手付かずの場所が多い。また、道路や建物の被害についてもそのままである。役場近くの斜面崩落の場所については鉄筋コンクリートによる斜面の補強が進行中である。崩落し現れた地肌に直接鉄筋コンクリートで補強する工事で、現在斜面に鉄筋を組み上げている最中である。

役場の近くにある飲食店が再開したが、この店がこの地域で唯一開いている店で、食事時に利用する人は多い。

写真33　旧山古志村役場

2　油夫地区

山古志地域の中央部の竹沢地区の北側に位置する油夫地区の集落は、主に地滑りの斜面上に分布している。住家数は24棟程度の集落である。尾根部分には、鉄筋コンクリート造3階建ての山古志中学校がある。

山の斜面がはだけ樹木も倒され、斜面に取り付いている道路も崩壊し寸断され、わずかな平地に建設されている住宅にも傾いた住宅が見られ（**写真34**）、復旧は手つかずの状況である。谷沿いに向かって斜面が崩落し、崩落した土砂が土石流となって流れた。そのため、低いところにある住宅は、そのような斜面崩落の被害をまともに受けており、斜面の下部に建物の残骸をさらしている。

写真34　油夫地区の斜面被害

3　木篭地区

木篭地区は、芋川が東竹沢の地滑りにより天然ダムが発生したため河道閉塞し一部水没した地区である。集落が比較的高台にもあったため、一部は救われた地区である。今回は水没した地区の状況を視察した。

地区は泥が堆積し、その上を川の水が静かに流れている。

建物の１階は泥に埋まり、平屋建ての家は屋根まで泥で埋まっているものもあった（写真35）。

堆積した泥は水平な河岸段丘を形成し、生育している樹木の紅葉と一体となり、新たな始まりという雰囲気を呈している。

さらに年月が経過すると、平坦な部分にも植物が発生し、緑が生い茂っていくのだろう。現在は途中段階であろうが、このような自然現象により大きく変わっていく風景をどのように表現してよいのか、よい言葉が見つからない。

長い廃史を通じて、地球上に発生してきた天変地異の一部を

写真35　水没した木篭地区

垣間見たような思いであった。

やがて、この平坦なところに家を建て集落が発生していくことを思うと、自然現象という大きなうねりのなかで、人間が自然に手を入れ開発し住む、そしてまた長期的なスパンによる自然現象が発生し大きく変わっていく。そのような自然の歴史の繰り返しのなかに人間が手を入れて生きている、ということを実感させられた場所であった。

そして、現在は豪雨や地震を経て、濁流が洗い流し段丘が生成するところまで来ているのである。

木篭地区は、集落の住家数は32棟程度で、そのうちの芋川流域地区の約10棟が水没したと言われている。災害時は2階の屋根まで水没したとのことである。一時期ポンプによる排木で水位は地震前の水位まで下げられたというが、融雪時の増水に備えて仮排水路を設置しポンプによる排水を一時停止したため水位が上昇して現在の水位となっている。この水位は東竹沢の復旧工事が進められても維持され、水没している住家はこのまま放置されるとのことである。そして集落全体での移転が行われる予定になっている。

この地区は震災のメモリアルな場所としてこのまま保存整備することを提案したい。災害の実態を後世に伝えるために、そのまま残すことは重要である。この木篭地区はそのような意味でも、歴史を通じて伝える場所としてよい地区と思う。平屋建てで埋まった家、２階建てで１階が埋まった家など、被災状況がわかりやすく、かつまた自然現象がよく理解できる地区である。このような状況をよく観察できるように、近くに寄れる木製のデッキを整備し歩くルートの整備もしてはどうかと思う。

４　梶金地区

梶金地区は神沢川流域に位置している。集落は主に国道291号沿いの地滑り性の緩斜面にある。住家数は35棟程度の集落である。

斜面における住宅の破壊状況もそのまま残されている。地滑りにより住宅のあった部分の土地の半分以上が滑り落ち、斜面の下に落下している住宅もあった。しかし、道路沿いの部分では損壊した住宅の撤去作業中である（写真36）。復旧の工事の音は山間に響いている。

写真36　復旧工事中の梶金地区

5　東竹沢地区

東竹沢地区は、大規模な地滑りにより土塊が芋川を塞き止めた天然ダムのある地区である。現在、芋川流域砂防工事として地滑り地域の広域的な復旧工事が進められている。

芋川には仮設の鉄骨による橋梁を架け（写真37）、正面左側には排水路を整備し河川の水を流下させている（写真38）。仮設の橋梁から芋川の下流を見ると河川はかなり下を流れている。それでいかに天然ダムが高い位置にあるかがわかる。仮設の橋梁は工事車両の往来が多く、周辺の斜面の補強工事もあわせて、広範囲にわたり大規模な工事が進められている。

間もなくやってくる工事の出

写真37　仮設の橋梁

写真38　整備工事中の天然ダム

来なくなる冬場に備えて、工事は急ピッチで進められている。

ダムによってせき止められ出来た湖の周辺の斜面も整備中で、地区全体が大土木工事中である。災害時にはＴＶで見ていたが、下流の川の高さと実際の整備されているダムの大きさを見ると、大規模な地滑りの脅威が実感できる。

このダムも今回の震災のメモリアルとして記録されるのであろう。この地点から木篭地区にかけては、震災のメモリアル地区として保存、務備されることを期待したい。

6　小千谷市大日山東方地区

ここは大規模な地滑りが発生した地区である。

山の中を通る道路が途中で崩落し、断崖となり進めなくなるが、その道路の正面に大規模な地滑りの跡（写真39）が見えてくる。その状況は、左側に地滑り後に残された山肌が見え、そこから滑落した部分の土塊が右側に見える。

写真39　大日山東方地区の地滑り

左側の残された山には棚田から転換した養鯉池が残っている。そして右側の滑落した部分の土塊の中央にはかつて高い部分に存在した養鯉池の跡が残っている。

つまり、ここでは、かつて棚田であった養鯉池の地滑りの状況が一目でわかる状況で残されている。

このようにわかりやすい地滑り筒所も少ないのではないかと思われる。この場所についても、震災のメモリアルとして保存することを提案したい。

地滑りとして規模も大きく、軟弱な地盤の上に養鯉池を造るとこのような被害も発生する、そのような証として保存したほうがよい地区ではないかと思われる。このような状態で残された地区は未だ無いのではないかと思われるし、今後の地質学の研究にも大いに貢献するのではないかと思われる。

7　小千谷市塩谷地区

塩谷地区は50世帯程度の集落である。この地区も養鯉業が中心となっている地区である。ここも家屋が激しく損壊した地区である。しかし、現在この地区には住民が戻っており、自宅の修理等の作業を行っている。

この地区では、約半数の世帯が転出を決めた。そこで村では古民家（写真40）を残し、再生し憩いの場とすることとした。

転出した人が立ち寄った時に思い出していただけるようにとの思いからである。建物の修復工事費用３００万円を集めるために、Ｔシャツを作って販売している。

８　棚田、養鯉池

ほとんどの集落で棚田と養鯉池は被害を被っている（写真41）。被害の大きいところもあれば小さいところもあり、被害の状況は場所ごとに様々である。地滑り被害は復旧の目処をたてるのが難しい。

写真40　修理中の民家

写真41　被災した棚田

そもそも堆積層の緩斜面につくったことが問題で、そこに豪雨がきて軟弱な地盤になった。そしてその後に地震がきた。そのため大規模な地滑りを起こし、棚田と養鯉池が被災した。

現在、養鯉池は少しづつ復旧している（写真42）。このような様子はＴＶでも報道されている。生活復興のために、早めに経済活動を開始することは重要である。

しかし、養鯉池の場合、年中地中に水を供給しており、平成16年と同様な豪雨と地震が発生すると、再度同様な被害に遭うのではないかとの指摘もある。地質にもよると思うが、適切な被害の回避方法が検討課題であろう。

写真42　修理工事中の養鯉池

9　結びに代えて

今回の報告は集落を中心にまとめている。しかし、周囲を囲む山を見ていると、斜面の崩壊、地滑りはいたるところで見受けられる。そして、道路の被害も大きい。

被災一年後の山古志地域を歩いてみて思うことは、山間地の災害は復旧に時間がかかるということである。大規模な地滑りで地形は大きく変わり、とても原状復帰は困難である。敷地境界等の権利関係を明らかにすることも問題になろう。そして冬期の問題もある。積雪が多く工事は一時中断せざるを得ない。このようなことが復旧工事を遅れさせている。

このような問題も合め復旧・復興計画の策定は難しいであろう。そもそも自然を相手にしているのであり、今回の災害が数百年単位の自然現象というのであれば、安全な土地に住むということを基本に復興計両を策定する必要があると思われる。

今回の災害は我が国でも数少ない災害の一つと考えられる。そのため可能な限り、被災状況をそのまま保仔し、後世に伝えることを提案したい。

山古志地域にあっては、東竹沢地区の天然ダムで出来た湖はそのまま湖となるが、それ以外にも木篭地区や小千谷市の大日山東方地区の地滑り跡などは、今回の災害を象徴的に示すものであり、保存地区として整備し、一般の人が見られるようにしていただければと思う。

（月刊誌「近代消防」２００６年３月号掲載原稿を加筆修正）

3　新潟県中越地震の被災地のその後を訪ねて

平成29年（2017年）8月14日、新潟県中越地震のその後を視察に行こうと、元新潟県柏崎市の建築課課長の朝賀治雄氏と震源の川口町を訪れた。

新潟県中越地震は、平成16年（2004年）10月23日㈯に川口町を中心に発生し、川口町では震度7を記録した。発災当時、阪神・淡路大震災以来の2度目の震度7ということもあり、視察に行くことにした。そして、川口町や山古志村そして小千谷市などの被災状況を視察した。山古志村は錦鯉の里としてよく知られ、その復興状況も見ようと思い、山古志村については、1年後も視察し、その後3年後と5年後も視察した。今回はそれ以来の13年後の視察である。

この間、災害時における避難者への対応も大きく変わった。発災後、避難所におけるプライバシーの確保のためにと思い、合板によるハーフサイズの簡易間仕切りを提案した。しかし、軽くし操作しやすいようにということから桐を使うことになったが、それは少し高級品すぎたようだ。その後の災害発生後、ほぼ全国的にほとんどの避難所で、合板に代わり段ボールによる間仕切りが普及した。これなら、送られた支援物資を梱包した段ボールを使うことができ、コストもかからない。少なくともその契機にはなったようだ。

川口町は、地震発生当時は北魚沼郡川口町であった。しかし、2010年に長岡市に編入することになった。長岡市とは境界が接していなかったため、飛び地合併となった。なお、参考までに、話題となった山古志村は、地震発生の翌年に、長岡市と合併した。

以下、今回の視察報告であるが、参考までに区切りとなったものについては、3年後と5年後の状況報告も思い出しながら加えた。

1　その後の状況

(1)　3年後

3年後の旧山古志村の視察では、養鯉業を営む事業者は建物を建て替えていたものもあった。そして、棚田を利用した錦鯉のための養鯉池も復旧しつつあった（写真43）。また、以前

写真43　養鯉池の復旧

写真44　震災遺構の保存

保存した方が良いと述べた木籠地区の被災した場所が保存されることになった（写真44）。建物がいくつか残っており、そばにある「こごもはし」（２００６年11月完成）からもよく見え、震災の遺構として保存する良い場所になったと思う。

また、発災後に連日報道され注目された芋川の天然ダムは、１年後は周辺を含め工事中だったが、天然ダムにより出来た河道閉塞湖では、国道２９１号の宇賀地橋が２００６年９月に開通式を行った（写真45）。

写真45　宇賀地橋

写真46　宝積寺の慰霊碑

川口町では、既にこの頃には安田屋さんは建て替えをしていたし、宝積寺の建物は復旧し慰霊碑も建てられた（写真46）。また、住宅も耐雪型住宅として建て替えが進行していた。

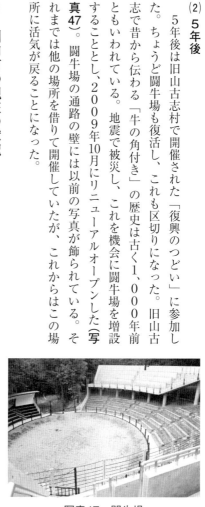

(2) ５年後

５年後は旧山古志村で開催された「復興のつどい」に参加した。ちょうど闘牛場も復活し、これも区切りになった。旧山古志で昔から伝わる「牛の角付き」の歴史は古く1，000年前ともいわれている。地震で被災し、これを機会に闘牛場を増設することとし、２００９年10月にリニューアルオープンした（**写真47**）。闘牛場の通路の壁には以前の写真が飾られている。それまでは他の場所を借りて開催していたが、これからはこの場所に活気が戻ることになった。

写真47　闘牛場

2　川口町の現在の状況

長岡市川口支所に着き、そこから町中を歩いた。支所は震災時の川口町役場を使っている。支所から越後川口駅までのメインとなる通りは、被害が大きかったところである。

安田屋さんは、震災により被災したが、早くから復興し旧川口町の中心の商店として存在している（写真48）。

　基本的に新しい住宅は、耐雪型住宅で、1階を鉄筋コンクリート造とし、2階、3階を木造とする造りである。このような造りであれば、雪が深くても1階部分は鉄筋コンクリート造のため、雪の重みで崩壊することはない。また雪により建物の下部が腐朽することも無く安心である。町を歩いてみると、大部分の住宅がそのような建て替えをしたので、雪害対策及び地震対策が施された安全な町になった（写真49）。

　被災して傾いた宝積寺は既に復旧している。そして、被災当時は倒れたお墓も多かったが、すっかり整備され、境内には既に慰霊碑が整備されている。

　また、震災の祈念となる、中越メモリアルパークとしてメモリアル回廊を整備した。その

写真48　中心部の街なみ

写真49　耐雪型住宅の街なみ

中に「妙見メモリアルパーク」「おぢや震災ミュージアムそなえ館」「長岡震災アーカイブセンターきおくみらい」「やまこし復興交流館」「木籠メモリアルパーク」そして、「震央メモリアルパーク」と「川口きずな館」がある。被災した各地の震災資料館を回廊として結ぶネットワークである。

震央メモリアルパークと川口きずな館は新潟中越地震の発災日に因み2011年10月23日にオープンした。川口きずな館の中には、震災の資料が展示されている（写真50、写真51）。

写真50　川口きずな館

写真51　川口きずな館の内部

3　結びに代えて

地震発生後、先行して日常生活に必要なインフラが復旧整備され、時間をかけてメモリアル施設が整備され、その間に住宅など民間施設が徐々に建設された。

被災した住宅は建て替えられ新しくなったという印象はある。しかし、建て替えをせず撤去だけをしたものも多く、町として建物の密度が下がり、オープンスペースが増えた印象であった。

町の中に、いわゆる空地が増えた。人口が減少傾向にあった町に、災害が、さらに減少傾向を加速させたということだろう。

第３章　東日本大震災

１　東日本大震災の被災地を視察して

平成23年（２０１１年）３月11日㈮14時46分頃に三陸沖で発生した地震を、気象庁は「平成23年（２０１１年）東北地方太平洋沖地震」、と命名した。

地震発生時、都庁にいた私は、深夜、帰宅後、ＴＶのニュースで郷里の岩手県そして宮城県及び福島県に甚大な被害をもたらしたことを知った。美しい海岸線を持ち、陵中海岸

平成23年（2011年）東北地方太平洋沖地震（東日本大震災）被害報
（平成31年３月８日消防庁発表）

発生日時	平成23年３月11日　14時46分
震央地名	三陸沖（北緯38度６分、東経142度52分）
震源の深さ	24km
規　　模	マグニチュード9.0
各地の震度（震度６強以上）	
震度７	宮城県：栗原市
震度６強	宮城県、福島県、茨城県、栃木県の一部
津　　波	相馬検潮所で観測した津波の観測値9.3m以上
人的被害	死者19,689人、行方不明者2,563、負傷者6,233人
住家被害	全壊121,995棟、半壊282,939棟、一部損壊748,109棟
火　　災	330件
消防活動	緊急消防援助隊の派遣期間88日間、延べ派遣人員109,919人、延べ派遣部隊数31,166隊

国立公園として知られる三陸の町が流される様子を見て、２００４年12月26日に発生した、スマトラ島沖地震インド洋津波を思い出した。地震により津波が発生し、周辺各地に大きな被害をもたらした。そして、最大の被災地、インドネシアのバンダ・アチェ市の復興計画を復興特別防災アドバイザーとして担ったことは、忘れられない思い出であった。

3月19日㈯、都庁との打合せで知り合った知人と二人で車で東京を出発し、その日は山形県の鶴岡市で一泊し、翌日、仙台へ向かい仙台から国道4号を北上した。そもそも岩手県の沿岸部に行くのに、山形県経由で2日もかかることが大問題である。それは、東北縦断自動車道は自衛隊や救援物資の輸送に限定されたからである。行く途中、ガソリン待ちで多くの車が並んでいる光景を見た。このことが今回の災害の大きさを認識させる。そして夜、大船渡市に着き、被災を免れた友人の家に宿泊した。

翌朝、高校の同級生でもあった大船渡市長に挨拶し、協力を申し出た。そして、被災地を通りながら最初に気仙沼市に行き、次に陸前高田市、そして大船渡市へと北上し視察することにした。死者・行方不明者が増え続け、原子力発電所の被害が広がっているように、まだ被害の全貌が把握できていないが、これらの被災地を視察した時の報告と、これからの災害対策について紹介する。

1　気仙沼市の被害状況

気仙沼市では、津波の被害（写真52）とともに、火災が報道された。津波は水害であるが、海面上の廃材が燃えている映像には驚かされた。

そして焼け野原となった場所を見て、阪神・淡路大震災における神戸市の長田区を思い出し

写真52　津波に流された船

写真53　焼野原となった被災地

写真54　東京消防庁の活動

た。長田区とは大火災になった経緯は異なるが、一面火災の跡で、まだ多少臭いも残っていて生々しい（写真53）。そして、まだ東京消防庁の部隊も活動している（写真54）。

焼け跡の建物を見ると、石油缶のようなものが多数転がっているものもあり不安も覚えた。車もいたるところに流されているが、タイヤは焼け、残されているのは金属のみである。鉄骨が弱々しく残り、黒く焦げた建物からは、二次災害の恐さを思い知らされた。

2　陸前高田市の被害状況

陸前高田市は、既に報道されている通り、市街地はほとんど流されていた。市役所も被災して機能を失った。山と海に囲まれた平野の部分がすっかり流され、残されているのは、鉄骨がむき出しになった建物と鉄筋コンクリート造の建物である。

しかし、残されているとはいえ鉄筋コンクリート造の建物はとても使えるものではない。木造の建物は基礎あるいは土台を残して流されており、そのため、地面には残材も少なく、被災

写真55　残された基礎と土台

後は平坦な様相を呈している（写真55）。

このように流された市街地を見て、スマトラ島沖地震インド洋津波におけるバンダ・アチェ市を思い出した。ＪＩＣＡを通じて、復興計画作成に携わったが、バンダ・アチェ市は、海岸線から２キロメートルの範囲が流されて何も無くなった都市であり、陸前高田市の状況がそっくりである。バンダ・アチェ市の復興計画では、市の中心部を約３キロメートル内陸側に移動させ都市をつくり直した。規模は違うが、陸前高田市の復興計画作成にもそのように大胆な方法が必要になるかも知れないと思った。

港の先端にホテルがあるが、ここが海岸線の突端のようであり、海沿いの道路は津波により破壊されている。海の前方にあり防潮林としての機能もあった

写真56　海に面し破壊されたホテル

写真57　ロビーに突っ込んだ松の木

国の名勝高田松原は、7万本の松の木を有していたが巨大津波でほとんどなぎ倒され1本を残すのみとなった。ホテルの海側の面の破壊はすさまじく、松の木がロビーに突っ込んでいる様子がその激しさを物語っている（写真56、写真57）。

また、被害は市街地から離れた農地にも及んだ。

3　大船渡市の被害状況

大船渡市では、大船渡町、盛町そして赤崎町の被災地を見て回った。国道45号は高台にあり、45号の内側の湾岸エリアの被害は大きい。しかし、高台にもかかわらず45号の外側にも被害が及んでいる。

大船渡町の砂森地区は低地

写真58　流木による被害

写真59　赤崎町の被害

で、多くの丸太がゴロゴロ流れ、それが鉄骨造の建物の外壁を貫通し破壊している。茶屋前岸壁の内側に木工団地があり、大量に木材がストックされていた。この木材が津波で流され後背地の建物を破壊した（写真58）。以前から、海岸沿いの木工団地は、いずれ津波が来るとストックされた木材が流木となり危険と囁かれていたそうである。それが、今回の被害で、やはりそうなったという声を聞いた。

赤崎町では、津波で多くの家が破壊された（写真59）。鉄道が6～7メートルの高台にあり、堤防を兼ねている斜面の擁壁には、流された家の残骸が上っている。津波はこの擁壁を乗り越えたとも言われているが、通行用の隧道があり、そこから多量の津波が流れ、裏の住宅地が壊滅した。

裏の住宅でかろうじて助かった三浦さん（80歳）の家は、補強コンクリートブロック造のため家は倒れなかったようであるが、隧道から押し寄せた津波が回り被災した（写真60）。

地震が発生したとき、神奈川に住んでいる長女から電話があり、「お母さん、津波が来る、早く逃げて！」と言ってすぐに切っ

写真60　三浦さんの家

たという。長女は緊急性を伝えたくてすぐに切ったのだろうが、市からの放送は「ただいま引き波がありました…」とゆっくり話していたので、緊急性を感じず貯金通帳等を探そうとした。しかし、外へ出ると津波が見え、あわてて家の2階に逃げた。三浦さんの亡くなった夫は建設会社をつくり、津波に強い家を造ろうと補強コンクリートブロック造の家をこの地区に建設した。その夫の建てた家なら津波に流されないと信じたからであった。しかし、すぐに津波は2階まで来た。そこで、流されないようにジャンプして長押をつかんだ。すぐに泥水が押し寄せ水につかったが、しっかりと長押をつかみ息を止めて引くのを待った。その後もう一方の手を上にあげたら、空気を感じ、水面に顔を出した。この時に何かに押し上げられたような気がしたという。天井までわずか数セ

写真61　助かった状況を語る三浦千花野さん

写真62　避難した2階の浸水の跡

ンチ。ここで息をして助かったという（写真61）。今では笑って、もう少し鼻が高かったら鼻が邪魔で息が出来ず死んでいたと語っている。２階の部屋の壁には、今でも津波の跡が生々しく残っている（写真62）。

また、水が引いたら昆布や網が身体にからまって動けなかったという。その後、猫が２匹寄り添ってきたので、ふところに入れた。三浦さんが発見されたのは翌日だが、猫を抱くことにより低体温症から守られ、精神的にも落ち着いたようだ。

そして、三浦さんの隣の木造住宅は崩壊した。住んでいた夫婦は擁壁の上に避難しようと夫が妻の手を引いていたが、手が外れ、妻は津波にさらわれたという。

４　これからの津波対策

今回は、我が国で観測史上最大のマグニチュード９・０と言われ、全てが想定外の災害であった。まだ被害の全貌が把握できていない段階であるが、建築と都市の復興という観点から今後の津波対策を展望してみたい。

(1) 堤防は絶対安全ではなく、想定外のことは発生する

これまでは過去に経験してきた津波を参考に、大きな堤防を作ってきたが、かえってそれで安全と思ってしまう面もあった。

津波対策として、より高くて堅固な堤防が求められるが、これから求められるのは、高さばかりではなく、例えば複層的に、二重、三重にすることの検討である。そして、それでもなお、堤防は絶対安全ではなく、想定外のことは発生する、と認識することである。

また、赤崎町で隧道から津波が流れ込んだように、このような隧道にはドアを設置し、津波発生時には閉じることが出来るようにすること、そして擁壁は上りやすく階段や手摺をつけることが求められる。

(2) 土地利用規制

バンダ・アチェ市の復興計画では、海岸から約2キロメートルの範囲は非居住ゾーンとした。三陸沿岸の場合、都市域が狭いので、そのようにするには難しいであろうが、居住施設は高台にし、低地にある商業・業務施設が被災してでも居住施設は守るような土地利用計画が求められる。

また、木工団地から流された流木が被害を大きくさせたように、土地利用における用途の見直しも検討課題である。

(3) 建築の構造規制

海側に近いエリアは、商業・業務地域として、鉄筋コンクリート造とし簡単に破壊されない建物とする。そして、それを避難ビルとして外部階段を設置し、誰でも屋上に避難できるようにすることが求められる。

避難ビルについては、全ての建物がそうすることは難しいだろうが、少なくとも公共的な建物はそのようにし、短い避難距離で到達できるように適切な配置が求められる。陸前高田市に見られたように市役所や消防署が破壊されるような事態は避けなければならない。

(4) 建築指導

大船渡市で津波の直撃を受けた砂森地区は、かつて工業団地で、区画の大きい工場や倉庫が建設されていた。そして、ほとんどの建物が津波が押し寄せる海側に建物の長い壁を向けていた。しかし、海側には、短い壁を向け、津波を受ける面積を少なくすることも検討課題である。

(5) ハザードマップの見直し：課題は想定外の想定

住民からは、ハザードマップでは自分の家は安全だったという声をいくつも聞いた。ここには重要な課題がある。近年、想定外ということが繰り返される中で、想定外こそが検討されるべき課題と認識されなければならない。ハザードマップは過去のデータをベースに作成されている。今回の教訓として、過去の記録のみからではなく、より安全側に想定外のことを想定することが検討課題である。

そして、住民に対しては、ハザードマップが示すのは過去の災害の最大値であり、絶対安全ではないと周知することが重要である。

(6) 住民の合意による復興計画

復興計画の作成は、残された住民と合意形成しながら取り組むことである。住民の4分の3以上が死者・行方不明者という自治体もあるように、相当数の方が亡くなられたが、残された住民の意向を踏まえて、目指す都市の将来像を議論し復興計画を作成することが重要である。

一方で、遠方の他県に避難した方々もおり、調整には時間がかかる。また市役所が被害にあった場合、データの問題もあり、長期的な対応にならざるを得ない。

このように壊滅的な被害を受けたことは試練であるが、このような機会をとらえて、残された方々で新たな都市づくりを目指すことが検討課題である。

(7) 国を挙げての復興グランドデザインの作成

今回の災害では、点々と存在している三陸海岸沿いの小さな都市が被害を受けた。それも複数県にまたがる被害である。その結果、関東大震災、明治三陸地震津波に次ぐ、死者・行方不明者を出した。そしてさらに、原子力発電所も被災して被害の様想は拡散的である。このような災害に対する復興デザインの作成は、国を上げて取り組むことが期待される。

（月刊誌「近代消防」２０１１年5月号掲載原稿を加筆修正）

2　東日本大震災から7年後、被災地の復興状況

平成30年（２０１８年）７月20日～24日、東日本大震災の被災地の７年後の復興状況を把握しようと、今年も６人で被災地の縦断視察旅行を行った。今回も羽田から空路で三沢空港に着き、その後レンタカーで、岩手県の久慈市から福島県のいわき市まで被災地を５日間で視察した（**図１**）。今回も前年同様、復興状況について報告する。

先に、全体的な印象について報告し、その後視察したコースに沿って、北から順番に岩手県、宮城県そして福島県別に報告させていただくが、ここでは、今回の視察前後に別途視察調査したものも加えて報告する。

1　全体状況

被災地は、岩手県の沿岸のリアス海岸の津波被害、宮城県の広大な仙台平野の津波被害、そして

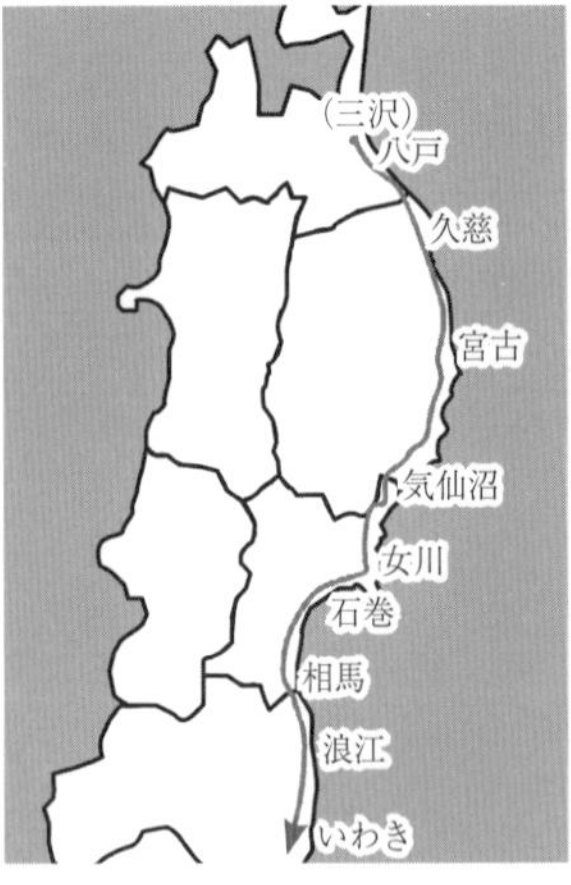

図１　視察行程

福島県の原発事故の被害に大別される。

全体的にみると、原発事故を抱える福島県は前年と同様であるが、それ以外の津波の被災地では、復興の姿が見えつつある。

仮設住宅については、ほとんどが空室になり、解体撤去工事が始まっているところもあった。復興工事については、復興公営住宅もだいぶ完成し、今回はその他の施設の完成が目に見えてきた。そして、特に今回は、防潮堤や水門の工事の状況が目についた。まだ完成した状況ではないが、海沿いのＬ１の防潮堤が湾を囲む完成の姿が想像できるようになった。

一方、原発事故の被災地では、昨年の状況からあまり進んでいない状況で、除染作業中ののぼりはなかなか見られなくなったが、まだ課題は山積している。

以上の復興状況について、応急仮設住宅、その他の施設、防潮堤の観点から述べ、空撮による変化を見る。

(1) 応急仮設住宅

復興公営住宅が建設され、入居が進み、応急仮設住宅の入居者は減りほとんど空室になった。わずかに入居している方がいたが、そこでは、外に設置したプロパンガスのボンベが取り外されず残されている。そして中には撤去工事が終了した地区もあった。このような状況なので平成30年（２０１８年）度中に撤去工事はかなり進むと予想される。

仮設店舗は基本的に昨年度末までだったようだが、今回見た中では1軒だけ営業していた。

(2) 防潮堤

防潮堤は、その都度、工事中のものを視察してきたが、建設された延長は確実に長くなり、全貌を想像できるようになってきた。具体的には、リアス海岸では、防潮堤で湾が囲まれている状況がわかるようになってきた。建設される防潮堤は復興の象徴である。以前より高くかつ堅固に建設されて延々と続く防潮堤のスケール感には圧倒される。

また、新設の水門など、津波対策の施設の概要が目に見えてわかるようになってきた。

(3) その他の施設

既にこれまでにも完成してきた自治体はあるが、さらに多くの自治体で新しい庁舎、消防署や防災交流センターのような公共施設や防災関連の施設が徐々に完成し、新しく復興したまちとして、市街地に活気を与えるようになってきた。ショッピングセンターに併設された図書館など、町を充実させる施設が増えてきている。

⑷ 空撮による復興状況

今回は、岩手県上閉伊郡大槌町の復興経過を、空撮写真を通して見る。空撮写真は岩手県の提供である。

震災後の７年間の復興経過として、震災前も含めて、空撮写真を比較する。

① 震災前の大槌町（２０１０年３月19日撮影）

大槌湾に流れる大槌川（**写真63中央**）と左から流れる小鎚川に挟まれたところが町の中心部である。中心部らしく、多くの建物が集まっている。背後には城山が控え町役場もこのエリアにある。

② 震災直後の大槌町（２０１１年３月29日撮影）

マグニチュード９・０の地震による想定外の津波

写真63　震災前の大槌町（2010年３月19日）

は、大槌川と小鎚川を越えて市街地を襲い、町の中心部は被災した。地震発生後、町の幹部職員は役場の2階に集まった。その後津波の予報があり、一部の職員は屋上に避難したが、町長以下数十人の職員は役場を襲った津波により行方不明になった。町長を含め課長クラスの職員が全員行方不明となったため、役所機能が停止した（**写真64**）。

③ 3年後の大槌町（2014年3月3日撮影）

復興計画が進み、徐々に道路等が整備され、造成工事が進んでいる。被災した低地では、少しずつ施設が建設されている。この段階では、まだ大槌川に新設する水門の工事が開始されていない（**写真65**）。

④ 7年後の大槌町（2018年3月撮影）

大槌川にかかる新設水門の建設のため、平成26年から仮締切の工事を開始した。また小鎚川でも既設

写真64　震災直後の大槌町（2011年３月29日）

写真65　３年後の大槌町（2014年３月３日）

写真66　７年後の大槌町（2018年３月３日）

水門の工事のための仮締切が見える。また、低地部には施設が増え市街地らしさが出てきた(写真66)。

2　岩手県

(1) 北部地区

北部地区は津波被害の少なかった地区である。そのため、復興は他地区より早く、久慈市、野田村、普代村、田野畑村の市街地の復興はほぼ終了である。しかし、海岸沿いの防潮堤の工事にはまだ時間を要する。

① 野田村

野田村の津波対策は3段階の防潮堤による対応をしており、防潮堤は目に見えて分かるようになってきた。また、水門の工事も見えるようになってきた。新設の保健センターの外壁に津波到達点が表示されている。

② 普代村

普代村の太田名部の防潮堤は、津波によって破壊されず住民を守った。そのため、被災地では通常新しい住宅が建設されるが、昨年までこの地区は、被害も無く、守られた防潮堤の内部には以前のままの集落があった。昨年は、当分このままかと思われたが、今回は新しく建て替えた住宅がいくつか見られた。

⑵ 中部地区

中部地区からは津波被害が大きくなる。

① 宮古市

宮古駅前は大きく変わった、ＪＲ宮古駅と三陸鉄道の宮古駅があるが、駅の反対側にも通れるように開放感のある駅前に一新された（写真67）。

また、駅の反対側には宮古市の新庁舎が完成目前であった。新庁舎と宮古市保健センター、宮古市交流センターを合わせた複合施設を建設し、中心市街地拠点施設整備事業により、新たな拠点ができることが期待されている。

写真67　三陸鉄道の宮古駅前

② 山田町

山田町は津波と共に大火災になった。

昨年には復興住宅が出来、駅前も整備された。現在、駅の反対側の工事も進められている。

③ 大槌町

大槌町の中心部は建設活動が活発になってきた。中心部には6月10日に、木造の大槌町文化交流センター（愛称：オシャッチ）がオープンした（写真68）。この建物は広場に面していて、その広場はサンクンガーデンのように低くなり、その低い所のレベルが東日本大震災の津波前の町の高さを示している。

また航空写真を見ると、仮締切が川に突出し、川幅を狭くしているのが見えるが、現在、大槌川に水門を建設中である（103頁写真66、116頁写真80）。

写真68　大槌町の文化交流センター

(3) 南部地区

① 釜石市

今回は、鵜住居小学校、釜石東中学校のその後の状況を視察した。昨年は整地工事中であったが、今年はスタジアムが完成した（写真69）。完成イベントは8月19日に行われた。来年、ラグビーのワールドカップの会場になることが予定されている。

写真69　釜石鵜住居復興スタジアム

写真70　ど根性ポプラ広場オープニングセレモニー

② 大船渡市

大船渡市では、新しく大船渡市防災観光交流センターができた。これまで一部使っていたが、6月1日、全館オープンした。観光案内・物産などの情報を提供、そして学び交流の場としても使える。

越喜来地区では、大船渡市の広場整備事業完成第1号として、5月27日、広場のオープニングセレモニーが開催された。広場は、半分が津波に浸かりながらも耐え、茫然自失となっていた住民の心を慰め勇気を与えたポプラにちなみ、「ど根性ポプラ広場」名づけられた（**写真70**）。

③ **陸前高田市**

陸前高田市は、まだ造成工事の途中である。JR大船渡線BRT（バス高速輸送システム）陸前高田駅が4月1日にオープンした。これにより徐々に賑わいを取り戻すことが期待されている。その一方で、高台移転も進んでおり、高齢者施設や、幼稚園なども移転し、工事中である。

3　宮城県

(1) 北部地区

① **気仙沼市**

気仙沼港には新たな施設が出来た。エースポートである。以前から旅客船の発着場はあり、震災後浮き桟橋は出来たが、今年になって7月に飲食店がオープンした（**写真71**）。気仙沼でも一つひとつ新たな施設が実現しており、ここも魅力的な施設になることが期待される。

復興道路（三陸沿岸道路）と横断橋は、来年以降、橋脚に続いて、道路も見えてくると思われる。

防潮堤の内側では、海上自衛隊が護衛艦「あぶくま」の公開イベント中だった。自衛隊の災害支援活動は、人命救助、物資の輸送そして炊き出し等で知られるが、このような公開イベントも大切である。

② 南三陸町

保存か撤去で話題になった防災対策庁舎は、市役所に防災対策庁舎周辺の整備構想の模型があった。

現在、嵩上げ工事で十分には見えないが、建物が見えるように広場を整備する構想である。

南三陸町の海水浴場の「サンオーレそではま」は、以前から

写真71　気仙沼エースポート

写真72　サンオーレそではま

の海水浴場だったが、東日本大震災で被災し、再整備し、昨年7月中旬にオープンした（写真72）。

③ 女川町

女川町では、JR女川駅前から海に向かう商店街が完成し、市の中心部は出来てきた。しかし、周辺部はまだ大々的に造成工事中である。嵩上げが基本であるが、徐々に全体像が見えつつある。周囲の高台には共同住宅も配置され、コンパクトシティ構想の実現が見えつつある。

女川町の新庁舎は工事中であった。10月にオープンの予定とのことである（写真73）。

写真73　工事中の女川新庁舎

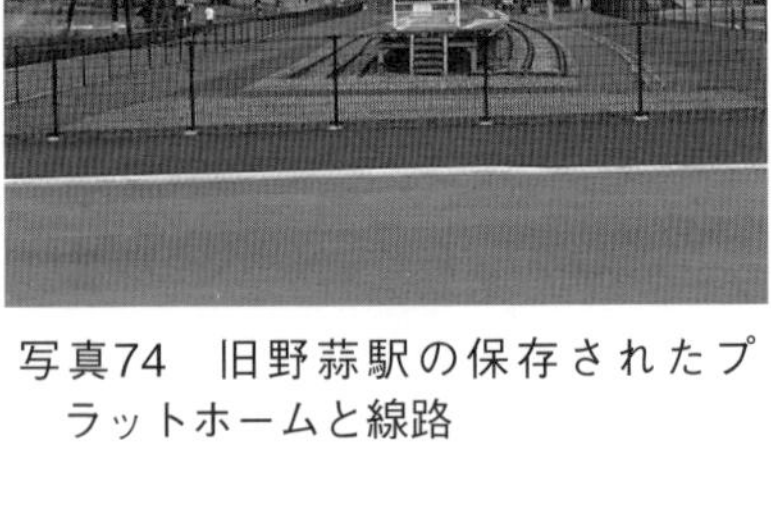
写真74　旧野蒜駅の保存されたプラットホームと線路

④ 石巻市

石巻市では日和山から被災地が良く見える。海側は高層の復興公営住宅などが立ち並び、復興の進んでいる状況がわかる。そして、反対方向の内陸側である北上川の中州周辺を見ると、北上川周辺では川沿いの堤防も完成し、周辺の復興公営住宅も整備されている。

⑤ 東松島市

東松島市の新野蒜《しんのびる》駅周辺は高台で住宅地も整備されているが、旧野蒜駅周辺は、震災のメモリーとして保存されている。旧駅は震災復興伝承館になり、駅舎とホーム近辺の線路も保存された（写真74）。加えて石碑が整備され、外国人観光客の訪問も多い。

(2) 南部地区

① 仙台市

仙台市では、昨年同様、保存された荒浜小学校を視察した。小学校の周辺とも昨年と状況は変わっていない。

② 名取市

閖上地区では嵩上げにより宅地造成を行い、復興公営住宅を建設し、そしてお寺も移転した。いずれ市街地として充実して行くことだろう。復興公営住宅は、外から2階に避難できるようにスロープが整備されている。

③ 山元町

山元町では、津波対策として、山下駅と坂元駅を内陸側に移転し、新しい市街地を造った。山下駅の近くには防災交流センター「つばめの杜ひだまりホール」が平成29年10月にオープンした。また坂元駅の近くには、同じ防災交流センターの「ふるさとおもだか館」が平成29年4月にオープンした。

4 福島県

福島県は津波被災地と原発事故被災地に分けられる。

(1) 津波被災地

① 新地町

新地町は原発事故の影響が少なく、復興には津波対策に重点が置かれている自治体である。新地駅周辺はまだ土地の整備段階で、これから新しいまちが立ち上る。

(2) 原発事故被災地

① 原ノ町駅、小高駅そして桃内駅周辺

原ノ町駅と小高駅周辺を訪れたが、駅前では、放射線の測定器が目に付き、常に表示されている。これまで見てきた津波被災地とは違い、原発事故という別世界の被災地にきたことが意識される。今年もこの状況は変わっていない。

小高駅の次は桃内駅である。桃内駅は農村の中に設置された小さな駅で、明るいデザインである。

写真75　浪江駅より奥へ入った状況

写真76　新築の浪江消防署

② 浪江町

浪江駅周辺は、解体作業により空地が増えてきた。しかし、駅から町の奥に入ると、被災し

た建物がそのまま残されておりまだ撤去作業が残されている（写真75）。

一昨年にオープンした浪江町役場脇の仮設商店街の「まち・なみ・まるしぇ」の客足はまだ少ない。

新築の浪江消防署は旧消防署の北側に建設されたもので、4月から運用を開始している（写真76）。

③富岡町、楢葉町

双葉町、富岡町の帰宅困難区域による通行止めは解除されず、道路には通行止めのための折り畳み式フェンスが設置された状況は変わっていない（写真77）。

夜ノ森駅は、線路から駅舎のある向こう側が帰宅困難区域のため使うことができない。しかし、今年は、作業着を着て動き

写真77　施設に入れない状況

写真78　完成した富岡駅

回っている方々を見た。このような動きがみられると、いよいよかという期待感が湧く。

富岡駅は、昨年は工事中であったが、モダンな駅に生まれ変わった（写真78）。駅はそのまちの象徴である。桃内駅のデザインもそうであるが、これらの駅のデザインで新しいまちになったという印象を受けた。

竜田駅は原子力発電所の事故により営業停止となった。その後、平成26年6月1日より営業を再開した。

福島県における原発事故の被災地は、これまで視察してきた岩手県や宮城県の津波被災地とは異なり、「ここは別世界」という感じを抱かせられる。何年間も時間が止まったようで、このような状況はまだまだ続きそうである。復興の姿はなかなか見えてこない。

5　結びに代えて

⑴ 防潮堤、水門

今回の調査では、防潮堤や水門などの津波対策施設の進捗状況が目についた。

復興計画が検討中の頃、海が見えなくなる等景観問題が話題になったが、まだその頃は実感レベルではなかった。7年経過し、全貌が想像できる状況になった。

ここでは、現状の中から特徴的な状況を紹介する。

① 宮古市田老町の防潮堤

かつては万里の長城と言われた防潮堤で安全神話が生まれた地区である。東日本大震災の津波は、万里の長城を越えて被害をもたらしたため、万里の長城を高くし、さらに湾口にL1の防潮堤を建設中である（写真79）。

写真79　田老町の防潮堤、万里の長城の外側にL1の防潮堤が工事中

② 大槌川の水門

東日本大震災前には大槌川には水門が無かった。今回の津波の教訓により、新設の水門を建設中である。そして小

写真80　工事中の大槌川の水門

鎚川では既設の水門が被災し、規模を大きくして工事中である。現在、２つの水門が工事中で、防潮堤で繋がり、令和２年度末に完成予定である（103頁写真66、写真80）。

③ 大船渡湾の防潮堤

港湾施設との境にＬ１の防潮堤が建設中である（写真81）。湾の反対側にも長い壁の防潮堤が建設中である。

④ 気仙沼湾の防潮堤

高くて長く続く防潮堤が見えてきている（写真82）。

⑤ 石巻市雄勝町の防潮堤

防潮堤は打ち放しコンクリートが一般的だが、雄勝町では壁面に模様を入れ景観に配慮して

写真81　大船渡湾の防潮堤

写真82　気仙沼湾の防潮堤

いる例である（写真83）。

⑥ 名取市閖上地区の防潮堤

海が見えなくならないように、防潮堤の内側に階段を設置し高くして海を見ながら歩けるようにしている。

(2) 今回のまとめ

これまで全貌が見えてこなかったが、今年は別々に造られてきた防潮堤が繋がるなどして、完成後の全体像が想像できるようになってきた。このように、高く長く続く防潮堤が完成した時、安全問題は一旦決着がつく。

応急仮設住宅の撤去、復興公営住宅の完成とともに、防潮堤の完成は復興の象徴である。

来年視察に来た時には、これらの復興の象徴は、更に進展しているであろう。また、その他の多くの施設が立ち上がっていることを期待したい。

写真83　石巻市雄勝町の模様入り防潮堤

（月刊誌「近代消防」２０１８年12月号掲載原稿を加筆修正）

第４章　熊本地震

１　熊本地震の被災地を視察して

平成28年（２０１６年）４月14日㈭夜、熊本で震度７の大地震発生のニュースが入った。ＴＶでは、益城町役場前に町民が集まっている状況が放映された。

そして、４月16日未明、後で震度が発表されたが、震度７の本震が発生した。当初は大きい余震と思っていたが、気象庁は14日の震度７は前震で、16日の震度

平成28年（2016年）熊本地震 被害報
（平成31年４月12日消防庁応急対策室発表）

発生日時	前震　平成28年４月14日　21時26分頃
震央地名	熊本県熊本地方（北緯32度45分、東経130度49分）
震源の深さ	11km
規　　模	マグニチュード6.5
各地の震度	（震度６強以上）
震度７	熊本県：益城町
発生日時	本震　平成28年４月16日　１時25分頃
震央地名	熊本県熊本地方（北緯32度45分、東経130度46分）
震源の深さ	12km
規　　模	マグニチュード7.3
各地の震度	（震度６強以上）
震度７	熊本県：益城町
震度６強	熊本県：南阿蘇村、菊池市、宇土市、大津町、嘉島町、宇城市、合志市、熊本市中央区・東区・西区
人的被害	死者273人、重傷者1,203人、軽傷者１,606人
住家被害	全壊8,667棟、半壊34,719棟、一部損壊163,500棟

7が本震と発表した。

これまでは、地震が発生するとその後は小さな余震が続くと思っていた。しかし、今回はそのような地震ではなく、震度7が連鎖して発生した地震であった。マスコミは「我が国では初めての地震」と報道した。

これは、耐震基準の見直しが検討されるのではないかと思った。現在の耐震基準は、1回の地震に対しての基準である。そして、これまでにも余震の大きい地震はあった。

後で震度を知ったが、被災地を歩いていて震度5強の余震に遭ったことがある。その時は身の危険を感じ、本震でたとえ倒れなかった建物とはいえダメージがあり、そのダメージが余震の影響を受け崩れるかも知れないと思った。そして、平成16年（2004年）10月の新潟県中越地震を思い出した。本震から2時間以内に震度6の余震が3回発生し、壊滅的な被害を受けた。この時、余震は本震発生後すぐ発生したので、本震で倒壊したのか余震で倒壊したのかの記録は無いのかも知れない。現実的には、余震の影響で倒壊に至った建物もあったかも知れないが、これまでは大きな話題にはならなかった。

観測史上我が国では、今回を含めると震度7を4回経験している。それぞれ**表4**のとおりである。そして、今回の震度7はこれまでの震度7とは違い、益城町では、4月14日と16日の、中１日おいて２回観測した。これまでこのような現象は無く、地震とは徐々に弱くなるものという概念が砕かれ、このような地震に対する警鐘になった。

傾きや亀裂などの被害状況を目視して応急危険度判定が下される。そして、その活動は市民からも一定の評価を得ている。しかし、一旦、緑色のレッテルが貼られると全面的に大丈夫と思ってしまうのが現実ではないか。しかし、今回は、震度７の前震で持ちこたえたが、同じ震度７の本震で倒壊した建物が多くあったとのことである。これからは、そのような現象に考慮した対応が必要になると思いながら、被災地の視察に行くことに決め、４月23日〜25日に熊本に行った。

表４　過去の震度７の地震（2016年５月24日現在）

発生年月日	名　称	死者数 （震災関連死含む）
1995年 １月17日	阪神・淡路大震災 （兵庫県南部地震）	6,434人
2004年 10月23日	新潟県中越地震	68人
2011年 ３月11日	東日本大震災 （東北地方太平洋沖地震）	22,010人
2016年 ４月14日、16日	熊本地震	273人

1　熊本市の被害

⑴ 熊本市内のホテル事情

23日㈯に熊本空港に着いた。市内は市電も動き、交通は回復したようだが、ホテル探しが大変だった。ある程度市内の視察を行い、新水前寺駅周辺で夕食をとり、店員に近くのホテルを聞いて3軒訪れたが、電気は消え玄関のガラス戸には「休業」の貼り紙があった。市内の中心部に行けば営業しているホテルがあるかも知れないと思い、熊本駅で、観光案内を見てホテルに10軒ほど電話をしたがほとんどが休業で、営業しているホテルもあったが、5月まで予約で一杯、また7月から営業再開というホテルもあった。覚悟を決めて持参した寝袋で駅に泊ろうとしたら、駅は夜の12時でシャッターを下し、オープンは朝の4時からということで、最近の日本の駅は泊れなくなったということを知った。昨年のほぼ同じ時期のネパールの地震の時はネパールの空港に一泊した。しかし、日本の駅ではそれがかなわない。当てもなく、いろいろ聞いて再びホテルに電話した。数軒を当たった後、お風呂と冷暖房が使えないという条件付きで宿泊可能というホテルがあった。部屋が確保され、パソコンと携帯そしてカメラに充電でき、TVでニュースを見ることができる。これが有難い。

ホテルは熊本城の近くの花畑町のグリーンホテルであった。近くに銀座通り、西銀座通りがある繁華街であった。ホテルの従業員に聞くと、設備関係が被災したが、どうしても泊めて欲しいという要望があるのでオープンしたとのことであった。設備関係の被害が多く、繁華街でも営業している店は少なく、土曜日の夜10時で普段なら大勢の人通りがあるが、地震後は人通りも少なくなったとのことである。また道路にゴミが出されているが、地震のため無料で回収しているとのことであった。

⑵ 熊本城

熊本城は、天守閣の瓦が落下し、遠目でも被災した跡がわかる。天守閣は昭和35年（１９６０年）に鉄筋コンクリート造で建替えられたが、国の特別史跡に指定され、13件の重要文化財を保有しており、そしてそれらが被災した。

石垣があるせいか、入場規制が実施され場内には入れなかった。電話で担当部局に取材の可否を尋ねると、もう内部には入れていないとのこと。フェイスブックでフリーの写真を公開し

写真84　熊本城天守閣の被害

ているので、それを使ってくださいとのことであった。しかし、周辺からでも石垣及び建物の被災状況は見えた。遠目から撮影した写真が**写真84**である。252・7メートルの長塀も重要文化財であるが、そのうちの約100メートルの部分が倒壊し被害を受けた。そして、重要文化財の櫓も倒壊した。

これまで石垣については、石の大きさとか積み方など、その強さが強調されることはあったが、被害についてはあまり取り上げられることが無かった。しかし、今回の地震を機会に、石垣の耐震性の見直しが検討課題になるだろう。

(3) 熊本大神宮

熊本城の外側の一角に熊本城稲荷神社と熊本大神宮があり、それぞれ敷地は隣同士である。熊本城稲荷神社は見た目被害を受けていないように見えたが、同じ神社なので建物の構造にそれほど違いがあるとは思えないが、熊本大神宮は崩壊した。

熊本大神宮は天照皇大神と豊受大神を主祭神として祀り、「熊

写真85　熊本大神宮の被害

本のお伊勢さん」として慕われてきた。16日未明の本震で、熊本大神宮の背後にある熊本城の石垣が崩落し、石垣の上に建設されていた重要文化財の東十八軒櫓《やぐら》が倒壊し、石垣と櫓が熊本大神宮の社務所に落下した。しかし、本殿と拝殿は少し離れた場所にあり無事だったが、高さ約20メートルからの落下で、熊本大神宮の社務所は破壊された（**写真85**）。

(4) 熊本市民病院等

熊本市民病院も被災した。16日未明の本震で被害に遭い、建物の安全確認がとれていない状況の中で、３１０人の入院患者には、各ドクターの尽力により17日までに熊本大学医学部附属病院などに転院あるいは退院をして頂いたとのことである。大きな病院であるが、設備系の被害が新耐震基準を満たさない病棟に集中したとのことである。

病院としては、建物の安全確認がとれるまで、外来診療及び救急外来の受付を中止した。但し予約患者に対しての薬の処方箋発行については、屋外にテントを設置（**写真86**）し病院の正

写真86　熊本市民病院の状況

面付近で受付けをし、発行している。

外観からの目視であるが、外壁タイルの剥離があり、ガラスが割れているところもあった。

その後、新館は耐震基準を満たしているとのことで、4月28日より外来診療を開始した。

なお、市民病院は敷地に余裕はなさそうであったが、熊本赤十字病院は広い敷地に建設されており、こちらでは被害が少なかったようである。日本赤十字社では全国の支部及び医療施設から医師・看護師ら41名を病院支援のため派遣し、20日に熊本赤十字病院に到着し支援活動を行った。また同日は、地震の影響で診療を休止していた熊本市民病院から11名の看護師がサポートに来た。建物の屋上には活躍したドクターヘリがあった。

熊本大学医学部附属病院に聞くと、病棟（東病棟、西病棟）及び中央診療棟は免震構造で揺れを軽減できるため、建物への被害や物が倒れたり等、他の建物に比べて被害が少なかったとのことである。そして、熊本市民病院からは189名受け入れたとのことである（4月27日現在）。

また、熊本市民病院の近くにある福祉施設も被害を受けた。入居者は移動したようであり電気は消えていた。

(5) 自動車のショールームの被害

某自動車会社の熊本本店のビルは、鉄筋コンクリート造3階建ての建物で、1階が斜めに倒壊した。2階3階はそのまま傾いた。1階は販売用のショールームであり、ガラスに囲まれた柱によるオープンな空間である。そのため、1階に柱以外の耐力壁などの耐震要素がバランスよく配置されていたわけではなく、オープンになった側に地震力が集中し柱が座屈したようである。

鉄筋コンクリート造や鉄骨造の建物の被害が少ない中、広い通り沿いに建設されている建物であり、車で走っていても目につく建物である（写真87）。

写真87　某自動車会社の熊本本店の被害

(6) 東区の住宅地の被害

熊本市の東区は、熊本市内から益城町に行く途中にあり、東区の被害も大きいと思われた。住宅地の長嶺地区と山ノ内地区を歩いた。しかし、両地区とも、新興住宅地として宅地開発をされたような地区で住宅は新しいものが多く、被害らしい被害は少なかった。

長嶺地区で軽量鉄骨造2階建ての賃貸アパートの1階に住む淋さん夫妻の奥様のみゆきさんに当時の状況を聞いてみた。14日の前震の時は「TVを見ていた時だった。最初は小さな揺れだったが大きくなり家具が倒れた。お湯を沸かしていたがやかんが落ちて周辺が濡れたが、動けなかった。そして、一人で寝ていた娘を守ろうとして娘のところに行った。結構揺れたので天井が落ちたら危険と思い少し収まってから娘を抱き外へ出た。しばらくして家に戻り防災グッズを持ち出した。他の家族も外へ出ていた。1時間半後に主人が帰って来た。相談してその日は車の中で寝た」とのことであった。さらに、「翌日、主人は出社し、私は家の中を片付けた。2日目は、もう大きいのは来ないだろうと思って家の中で寝た」とのことである。

そして16日の未明2回目の本震が来た。その時は「皿が割れる音で目が覚めた。動けなかった。揺れる時間が長く、少し収まってから外に出た。周辺の方々も皆外に出ていた。他の家からガスが出ている音が聞こえた。周りの人達と広い庭の家の人のところに集まって話し合った。2時間ぐらいして小学校に行く人は行き、車で寝る人は車で寝るように別れた。私達は車で寝た。2回目の地震で停電となり、断水しガスも止まった。最初はインスタント食品で凌いだ。電気は1~2日で回復し、水道とガスは1週間程度で回復した。車で10~15分程度の益城町の親戚の家で水道とガスが通っており、お風呂にも入れて頂いた。お風呂に入ることができ落ち着いた」とのことである。そして車で5～10分のところの「山ノ内に主人の実家があり両親がいた。義父は大工で地震のため忙しくなり、昼は義母が一人になったため、主人が出社している時は、主人の実家に行っていた。そして娘さんの家族も集まった」とのことである。住宅には少し亀裂が入ったようだが、他の住宅にもそれほどの被害はなさそうであった。

2　宇土市の被害

(1)　宇土市役所

宇土市は熊本市南区に隣接する市である。宇土市では、市役所の被害が大きく報道された。市役所は昭和40年（１９６５年）5月に竣工した鉄筋コンクリート造5階建ての建物である。16日未明の震度6強の本震で建物の４階部分が押しつぶされたようになった（**写真88**）。

２００３年に耐震診断をした時に、震度6強程度で大きな損

写真88　宇土市役所の被害

害を受ける可能性が高いと診断された。複雑な構造のため、耐震補強を施すより建替えを薦められた建物とのことである。しかし、財政上の理由などから市では建替えを先延ばしにしてきたが、東日本大震災後、建替えが本格的に検討されてきたとのことである。

耐震診断の信頼性を疑問視する方もおられるだろうが、今回の宇土市役所の例を見ると、耐震診断の信頼性が得られた結果となった。なおこの被害による死者はいない。

本来、市役所は災害時には災害対策の中心となり、迅速な対応をするための拠点となることが求められる施設である。そのような役割のある市役所が、このような状況に陥ってはならない。そのような観点からも行政の施設は耐震化等については迅速な対応が求められる。

(2) 船場橋と轟泉水道井戸

船場川に架かる船場橋は長さ13・7メートル、幅4・1メートルの石造の単一アーチ橋である。安永9年（1790年）に建設された橋であり、この橋も被災した（写真89）。隣接して

写真89　船場橋の被害

鉄筋コンクリート造による5丁目橋があるが、こちらは被災しなかったようである。

轟泉水道井戸は江戸時代に建設された井戸だが現在は使われていない。現在は遺構として保存されている井戸で、木造の上屋が被災した。

(3) 長屋門

船場橋の近くの住宅に木造の長屋門がある、船場橋と轟泉水道井戸と共に、歴史を感じさせる趣のある一角を形成しているが、木造の長屋門も被災した。赤紙が貼られており、建物は傾き、瓦が落下している。被災状況は厳しそうであるが、周辺の環境条件から長屋門を復活させ、趣のある雰囲気を復活させて欲しいと思わせる。

3　益城町の被害

(1) 益城町役場とその周辺地区

益城町では役場も被災した。16日の本震以後、3階に設置された災害対策本部を保険福祉センターに移し役場全体を立ち入り禁止にした。地震後の映像でみた町役場前の広場は、救援物資の集積場などに使われている（写真90）。そして広場の地盤は25センチ程度沈下している。

そして、国土交通省から来た車は、役場の敷地の端に駐車されていた。道路からはその場所は2メートル以上高かったが、16日未明の震度7の本震で敷地の端の部分が崩れた。それとともに国土交通省の車も傾いた。

(2) 益城病院と東熊本病院

益城病院は210床の病院である。地震後、停電と断水で入院患者は転院し、休診状態になった。病院の内部の状況はわからないが、建物まわりの地盤に被害があり大きく動いた。しかし、5月2日から外来診療を開始したとのことである。

東熊本病院は益城病院の道路の向かい側にある病院である。被災し電気は消えており、患者は転院したようである。

写真90　益城町役場前の状況

(3) 住宅地等

益城町の被害は、町役場を中心に広がっている。小さな町であり木造の建物が多い。熊本市内から通っている県道28号線沿いは商店もあり商業の中心地である。その通りを歩くと、木造ばかりではなく鉄骨造の建物もあるが、被害も多い。それらの被災した鉄骨造の建物は古く、新耐震基準より前の建物のようである（**写真91**）。対照的に、新しくしっかりと建てられた鉄骨造の建物には被害がなく、ガラスも割れず問題もなく使われている（**写真92**）。

木造住宅には被害が多い。山間地における木造住宅は、屋根は瓦で、「ヘッドヘビイ」と言われ、建物の上部が重い不安定な構造である。しかも地方では住宅の耐震補強に対する意識は低く、また住宅の規模が大きく、

写真91　益城町の鉄骨造の被害

写真92　益城町の使われている鉄骨造

耐震補強をすると工事費が高くなる。そのため、ますます耐震補強が進まない状況となり、そこへ大地震がくると被害が大きくなる。このような状況で、住宅地の被害は大きい。

その中でも、木山地区の被害状況は大きい（写真93）。民間の建設による住宅があるが、これも14日の時は大丈夫だったそうだが、16日の地震で斜面が崩壊し建物も被災したとのことである（写真94）。また、屋根が一部浮いたように見え、変わった被害の建物がある。教会であるが、この建物は、増築したようだ。増築部分と既存部分が構造的に別れており、そのため、片方の建物の1階が被災し下がり、屋根が浮いたような状況になったと思われる。

また、擁壁の被害も多い。特に地方なので、擁壁の構造が問題である。

写真93　住宅地の被害

写真94　民間住宅の被害

4　西原村

西原村は、本震で震度7を記録した村である。小さな農村で村役場は２階建てでそれほど被害を受けなかったようであり、災害対策本部は村役場に設置されている。役場周辺の中学校や保育園が避難所になっている。役場周辺にはそれほど被災した状況は見られないが、県道28号線を東へ進むと道路が地割れ被害（**写真95**）のため通行止めになっている。そしてその周辺の集落の被害は大きい（**写真96**）。

写真95　西原村の地割れ

写真96　西原村の集落の被害

5　南阿蘇村

国道57号を東へ進むと、阿蘇大橋が落橋のため、通行止めになる。阿蘇大橋は、国道57号から分岐し、国道325号の一部として1970年に完成した鉄橋である。205・9メートルの長さを持ち、総幅員は8・8メートルである。通行止めのため、橋には近づけず、周辺の調査を行う。地滑りで道路が寸断したところから滝が見えるが、元からあった滝か地滑りによってできた滝かわからない（写真97）。

近くに阿蘇立野病院がある。病院は山の麓にあり裏山では地滑りが発生している。村では唯一の救急指定病院で88床の総合病院であるが、入院患者を他の医療機関に搬送後、ライフラインの断絶や裏山が地滑りで崩落の危険性があり休診となった。

4月末、その後の安全性確保の目途が立たないとして閉院を決めた。スタッフは全員解雇の予定とのことである。地震で閉院に追い込まれた病院の例である。

写真97　南阿蘇村の地滑り被害

6　コンクリートブロック塀について

コンクリートブロック塀の倒壊も随所で見られた。しかし、必ずしも全てのコンクリートブロック塀が倒壊しているわけではなかった。倒壊しているものは、鉄筋が入っていないものか、入っていてもコンクリートの基礎に一部しかアンカーされていない施工不良のもの、そして例えば下から1段目と2段目の鉄筋の継手の部分から倒壊しているように継手の施工不良によるもの等であった。

今回は、コンクリートブロック塀の倒壊も多かったようなので、2回の震度7という状況を踏まえ、安全対策としてより検討が必要と思われる。

7　ボランティアについて

熊本市では、花畑広場がボランティアセンターである。朝早く花畑広場のボランティア集合場所に行くと、若者が集まっている。ここで登録しボランティアのジャケットを受け取り、バスに分乗しそれぞれの被災地に行くことになる。余震もあり、ボランティアはまだそれほど集まっていないようであるが、災害時にボランティアは有難く被災者に勇気を与える。

熊本城に隣接する、桜の馬場・城彩苑は、救援物資の集積基地になり大量の物資が運ばれた。そして、スペースが足りず駐輪場の建物も物資の収容場所となった。

それぞれの被災地に行って知ることであるが、マスコミで報道されたところにボランティアが集中しがちになる。益城町の役場前にはボランティアが大勢いたが、他の村では、役場前でありながら、ボランティアの姿があまり見えないところもあった。

まだこの頃は、余震も多く危険なため、ボランティアは被災地での瓦礫の撤去にはあまり従事していないようである。どちらかというとボランティアは、救援物資に関する活動や被災者対応が多いようである。

また益城町では野球部の部員がユニフォーム姿で活動していた。やはり、若い運動部の部員が一団となって活動をしている姿はすがすがしく地元の方々を勇気づける。

8　被災体験談

視察を終え、東京に帰った後に、熊本出身の知人の山中麗子さん（東京消防庁ＯＢ）から次のように体験談を頂いた。山中さんは地震が発生した4月14日、中学校の同窓会のために帰省しており、本文中の淋さんと同じ熊本市東区の長嶺西で被災した。

「夕食後、母と一休温泉に行き、上がって休んでいる時に、下からドンときました。揺れる揺れる！　起震車よりも大きいと思いました。実家に戻ると玄関の戸が開かず、カギを閉めていないサンルームから入りました。翌朝、カギを分解し修繕したら、玄関の戸は何とか動きました。家中にひび割れがありましたが、まあいいか、と私は母を残して同窓会のために天草へと出かけました。出先で泊まった16日の1時25分、またドンときました。一人暮らしの母は85歳、生まれて初めての体験に怖がることしきり、その日から3日間寝ませんでした。同窓会は140人参加のところ30人がドタキャンで、私も二次会には行かずに、食料などを購入し、車で実家に引き返しました。帰ったら2階の外壁2メートル四方が落下し、中から外が見える状況でした。築40年の内壁の損傷もひどく、余震の都度、バラバラと落ちるのです。家具が全部作りつけで、倒れるものがなくて助かったのだと思います。電気は本震後2時間停電しただけでした。ガスはプロパンでボンベ2本がありましたが、それを支えるチェーンが取れており、ガス会社に来てもらい、補修してもらいました。問題は、断水のための、水の確保でした。避難所の長嶺小学校では長蛇の列で、2時間並んでやっと1人6リットルをもらえました。トイレでは小は流さず、大は新聞広告に包みビニール袋に入れ、庭の隅に埋めました。次の日から、2人で避難所で飲料水10リットルをもらい、江津湖に生活用水70リットルを汲みに行く生活が始まりました。今回はたまたま私がいましたが、母一人だったら、避難所も行けず、水ももらえず、餓死していたものと思います。水が出たのは20日の夕方、チョロチョロと出た時、思わず『やったあ！』と歓声をあげました。」

9　結びに代えて

今回の熊本地震は我が国では初めての、前震－本震型の共に震度7の地震であった。地震とは、本震－余震型で、徐々に震度は小さくなるというこれまでの常識的理解への警鐘となった。そして、住民に聞くと、1回目の前震では倒れなかったが、2回目の本震で多くの住宅が倒れたということであった。これは「揺れ疲れ」と呼ばれている現象である。揺れ疲れとは、規模の大きい地震が複数回続くと、徐々に損傷が拡大し、耐震性能が徐々に低下して行く現象である。1回目の地震では、見た目問題が無いように見えたが、見えないところに損傷はあり、耐震性能は低下し、それが2回目の地震で限度を超え倒壊に至ったということであろう。

現在の耐震基準では、このようなことを検討の対象にしてはこなかった。そのため、これからは、このようなことに対する検討が課題である。

現在の段階でいうならば、建物に隙間が増えたとか、仕上げ材料のクロスの亀裂が多く発生したなどの状況から、建物のダメージをある程度推測する、そして気になるようであれば、専門家に相談することである。

このことは、１回目の前震で住宅が倒れなかったからと言って、すぐに避難所を出て住宅に戻っては危険ということである。そして、さらには、１回目の前震の応急危険度判定で、緑色の安全と判断されて戻っても安心は出来ないということである。

それを裏付けるように、５月に入り、ＮＨＫでは取材により、49人の死者のうち、少なくとも４分の１にあたる12人が14日の地震で一旦避難した後自宅に戻り、その後16日の地震で建物の倒壊などにより巻き込まれて亡くなったことがわかったと発表した。

そして、耐震基準には地域係数があり、歴史的に地震の少ない熊本市や益城町は耐震基準が0・9、宇土市は0・8に低減される。しかし、現在では、これまで地震の少なかった地域は発生確率が高いと見なされており、この地域係数も見直しが必要と思われる。

そして、今回の熊本地震では石垣の被害が取り上げられた。熊本城の石垣の復元を期待するが、これからは、それぞれのお城で石垣の強度の見直しをするべきであろう。また一連の被害は、九州には火山活動が多い地域であり、雲仙岳、阿蘇山そしてシラス台地等火山の噴出物の堆積による地層という特性も影響していると思われる。

今回の視察により課題を整理すると次のようになる。

①施設建設には活断層を避ける
・阪神・淡路大震災以来言われてきたが、活断層の周辺は施設建設を避ける。

②耐震基準の見直し
・耐震基準は1回の地震を対象にしている。これからは複数回の地震に対する耐震基準の見直しが検討課題である。
・これまで歴史的に地震の少ない地域では耐震基準の低減を行ってきた。そのような地域係数の見直しが検討課題である。

③石垣の耐震性の見直し
・お城は全国にも多く、観光客も多い。石垣が加害者にならないように耐震性の見直しが検討課題である。

④重要文化財等指定文化財の適用除外の見直し
・重要文化財等の指定文化財は建築基準法第３条の適用除外の対象になる。文化財の価値の保存も重要であるが、耐震性も重要である。
⑤複数回の地震に対する応急危険度判定と避難
・今回の２回の地震では中１日しかなく応急危険度判定は出来なかった。しかし、１回目で緑の判定でも２回目で倒壊する可能性があり、判定方法の見直しが検討課題である。
⑥公共施設の早急な耐震化、そして免震化等
・市庁舎等の公共施設は災害対策本部が設置されるなど災害時の役割は大きい。既存施設の早急な耐震化が求められる。
⑦医療施設の早急な耐震化、そして免震化等
・命を預かる医療施設は、患者の生命を守ることが優先課題である。既存施設の早急な耐震化が求められる。
⑧火山性噴出物の地盤に対する対応
・九州は、雲仙岳、阿蘇山そしてシラス台地など、火山性噴出物による地盤が多く、今回の地震の被害にもそのようなことが影響していると思われる。

⑨ 病院のネットワーク

・災害時に入院患者の受け入れ先を探すのは大変である。これからは、地域で病院間の協力協定によるネットワークで入院患者を守ることが検討課題である。

（月刊誌「近代消防」２０１６年7月号掲載原稿を加筆修正）

２　熊本地震における病院の課題

平成28年熊本地震では、多くの病院が被災した。今回はその被害状況をより詳細に報告し、また入院患者に焦点を当て、病院が被災した際の入院患者の扱いについて課題を整理する。

１　病院の被害状況

平成28年（２０１６年）４月23～25日にかけて、熊本市、宇土市、益城町、西原村、南阿蘇村等の被災地を視察してきた、その際、多くの病院が休診に追い込まれていた。以下はその状況である。

⑴　熊本市民病院

熊本市民病院（写真98）では、建物の安全確認がとれていない中で、３１０名の入院患者のうち１１０名は退院させ、

写真98　熊本市民病院（右側が新館）

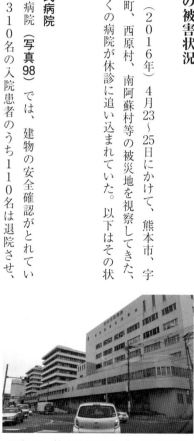

200名は他の病院に転院させた。しかし、薬局対応はテントを設置して行った（写真99）。地震による病院の被害は、設備関係の被害が新耐震基準を満たしていない病棟に集中したとのことであった。

入院患者の転院について聞くと、転院した病院間に協力のための協定はなかった。それを補ったのがドクターの個人的つながりであったとのことである。このように、大地震が発生した場合、入院患者の対応には病院間の協力関係が必要である。

そしてその後、新館は新耐震基準を満たしているとの判断で、4月28日から外来診療を開始した。

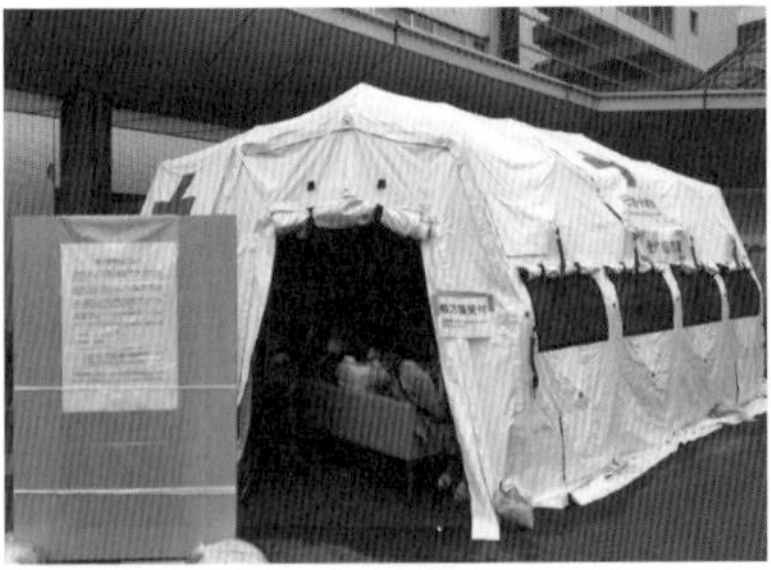

写真99　熊本市民病院のテント

(2) 熊本赤十字病院

熊本赤十字病院（写真100）は、ドクターヘリを保有した熊本県の基幹災害拠点病院であり、広い敷地に建設され、被害は少なかったようである。日本赤十字社では、全国の支部及び医療施設から医師・看護師ら41名を病院支援のために派遣し、20日に熊本赤十字病院に到着し、支援活動を行った。また同日は、地震の影響で診療を休止していた熊本市民病院から11名の看護師がサポートに来たとのことである。

緊急時には、医師ばかりではなく看護師も人手不足になる。熊本市民病院の看護師の活動は貴重な支援活動である。

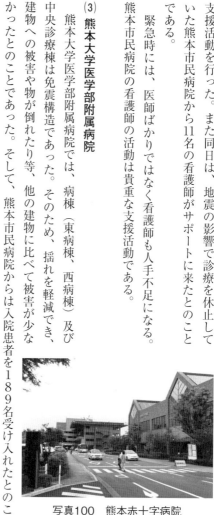

(3) 熊本大学医学部附属病院

熊本大学医学部附属病院では、病棟（東病棟、西病棟）及び中央診療棟は免震構造であった。そのため、揺れを軽減でき、建物への被害や物が倒れたり等、他の建物に比べて被害が少なかったとのことであった。そして、熊本市民病院からは入院患者を１８９名受け入れたとのことであった（４月27日現在）。

写真100　熊本赤十字病院

(4) 益城病院

益城町にある益城病院は、県道28号線の北側に立地している２１０床の病院である。地震後、停電と断水で入院患者は転院し休診状態になった。病院の内部の状況はわからないが、地盤は大きく揺れたようである。

しかし、建物は新しく、5月2日からは安全性が確認され、外来診療を開始したとのことであった。

(5) 東熊本病院

東熊本病院は益城病院の向かい側の県道28号線の南側に立地している52床の病院である。倒壊の恐れがあるとして患者が避難していると報道された。電気は消え休診状態になった（写真101）。

(6) 阿蘇立野病院

南阿蘇村では唯一の救急指定病院で88床の総合病院である。ライフラインの断絶や裏山が地滑りで崩落の危険性があり、入院患者を他の医療機関に搬送後、休診となった。

写真101　東熊本病院

４月末、その後の安全性確保の目途が立たないとして、閉院を決めた。スタッフは全員解雇の予定とのことであった。

２　病院間のネットワーク

災害後の医師の活動については、日本医師会やＤＭＡＴ等による医師の派遣等の活動があるが、入院患者の転院等については聞くことが無かった。今回は熊本市民病院の例もあったため、入院患者の転院について調べてみた。

地域防災計画ではどうなっているか、そして、公的な病院ならばともかくとして、民間の病院間ではどうであろうかと２団体にヒアリングをした。

(1)　熊本県地域防災計画

平成27年度版熊本県地域防災計画の地震・津波災害対策編の第３章災害応急対策計画の第15節医療救護計画では、「…県、市町村は、日本赤十字社熊本県支部、熊本県医師会、災害拠点病院、災害派遣医療チーム（ＤＭＡＴ）、熊本県公的病院災害ネットワーク、熊本大学医学部附属病院等と緊密な連携のもと、総力を挙げて迅速かつ適切な医療救護活動を実施する」と記載されている。

活動内容は、被災地内の医療救護活動と傷病者の搬送と収容である。県に聞くと、地域を越えた応援協定はあるが、傷病者の搬送と収容は、新たな傷病者のことで、今回テーマとしている入院患者の扱いについては想定はしていないということであった。

(2) (公社) 全日本病院協会

平成28年5月現在、熊本県では49病院が加入している。東京の事務局に、加入している病院間で、災害時の入院患者に関する協力協定の有無を聞いたが、そのような協力協定は無いということだった。

この団体は、閉院に追い込まれた阿蘇立野病院も加入していた協会である。

(3) (一社) 日本医療法人会

民間の医療法人の団体である。熊本県医療法人会事務局に加入している病院間に、災害時の入院患者に関する協力協定の有無を聞いたが、そのような協力協定は無いということだった。

病院間の協力は、自主的な連携によるとのことであった。

3　入院患者転院の病院間のネットワークを！

病院は人命を預かるものであり、施設についても十分な地震対策を講じることは当然である。しかし、今回の熊本地震のように、自然災害は想定外の事態をもたらす。そのような時に対応するのがソフト面であり、病院間のネットワークであろう。

熊本県の地域防災計画には治療等の応援協定については記されているが、入院患者の転院等については記されていない。また病院に関する団体にヒアリングをしても、病院間における入院患者の転院等についての協定は無かった。

そこで、病院間の協定があるところにヒアリングをした。東日本大震災の教訓から、平成24年8月に「新川医療圏公的3病院災害医療相互応援協定」を締結している黒部市民病院に協定内容をヒアリングすると、入院患者の転院収容については、触れていないということであった。また、平成24年12月に「災害時における岐阜大学関連病院間の相互支援に関する協定」を締結している岐阜大学にヒアリングをすると、入院患者の転院収容については想定していなかったようで、回答には協定を締結している41病院との協議が必要とのことであった。

基本的に、災害時に発生した傷病者は空いているベッドに収容するだろう。しかし、被災した病院の入院患者を、被災していない病院が災害時に受け入れるためにと言って、ベッドを空けておくわけにはいかないのだろうしカルテの問題もあるだろう。そのような意味でも入院患者の転院の協定は難しいのだろう。

そして、熊本市民病院では入院患者の転院についての病院間の協力協定はなく、今回はドクター個人の尽力によるものということであった。他の被災した病院が患者を転院させ休診にしたのも同様だったと考えられる。しかし、ドクターの個人的なつながりには限界があると思われ、これからは、地域におけるあるいは地域を越えての病院間のネットワークによる協力協定が必要と思われる。

そのような状況を考えると、市民にとって、入院している病院が被災したとしても、病院間の協定により入院患者さんは他の病院に転院できるので安心です、といえるような安心できるネットワークを社会の中に構築することも検討課題であろう。

（月刊誌「近代消防」2016年8月号掲載原稿を加筆修正）

３　熊本地震から３年後の熊本市と益城町

熊本地震から３年後、復旧工事中の熊本城の天守閣の映像が報道され、天守閣の修理工事の完了が期待される中で、被災地の状況を視察した。

地震が発生した当時は、震度７の地震が１日おいて２回発生したという、これまでに無い地震ということもあり、熊本市や益城町ばかりではなく周辺地域も見て歩いた。ここでは、熊本地震から３年後の平成31年（２０１９年）４月25～26日に熊本市と益城町を訪れた時の状況について報告させていただきたい。

１　熊本市の状況

(1)　熊本城

通町筋から見る熊本城の天守閣は美しく復旧しつつある。市役所の14階の展望ロビーから見られるというので行くと、城内を俯瞰するような形で上から良く見え、熊本城の配置がよくわかる。被害は天守閣ばかりではなく、周囲にも広がっていた。まだ工事が手つかずのところもあり、全体の修理工事が完成するまではまだ時間がかかると思わせられた。

展望ロビーは工事の様子を見られる絶好のスポットである（写真１０２）。なかなか、このようなスポットが公開される災害に出会ったことがない。市民にとっては、復旧への期待が膨らむだろう。

展望ロビーで俯瞰した全体像を記憶しながら、下に降り、右回りに熊本城を見ることにした。

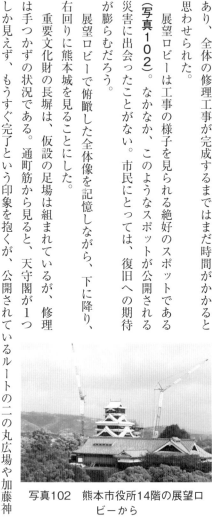

重要文化財の長塀は、仮設の足場は組まれているが、修理は手つかずの状況である。通町筋から見ると、天守閣が１つしか見えず、もうすぐ完了という印象を抱くが、公開されているルートの二の丸広場や加藤神社周辺から見ると天守閣の工事状況が見え、まだ時間がかかりそうだと理解できる。そして、天守閣以外にも櫓や色々と被災した場所が見え、この見学ルートは市民や観光客にとっても復興状況が理解できて良く、工事はまだ数年かかるという思いにもなる。

写真102　熊本市役所14階の展望ロビーから

２０１９年10月からは、土日に限り大小天守の外観が特別公開される予定で、最優先で工事が進められている。熊本城は段階的に復旧されるが、その状況を見ることができるのが特徴である。

また天守閣は、バリアフリー化を目的にエレベーターが設置され、２０２１年の春には一般公開予定である。またユニバーサルデザインに対応して、多目的トイレも大天守内に設置する計画である。復旧基本計画によれば、復旧期間を20年と定めて、全ての修理が完了するのは２０３７年度とのことである（図２）。

熊本城の天守閣の耐震補強には制振工法が採用された。制振装置を採用し、１９６０年（昭和35年）再建時に設置している深礎杭への地震力を低減し、その上で上部構造の耐震性能を確保することとした。制振装置は主に階段まわりに配置し、展示計画への影響を抑える計画にしている。

重要文化財の耐震補強としては、免震構造も採用されているが、このような制振構造のあり方もこれからの手法として有効と思われる。

また、屋根の軽量化として、下地を湿式工法から乾式工法に変更し、落下防止のため、瓦１枚１枚を銅線と釘で下地に固定するようにしている。

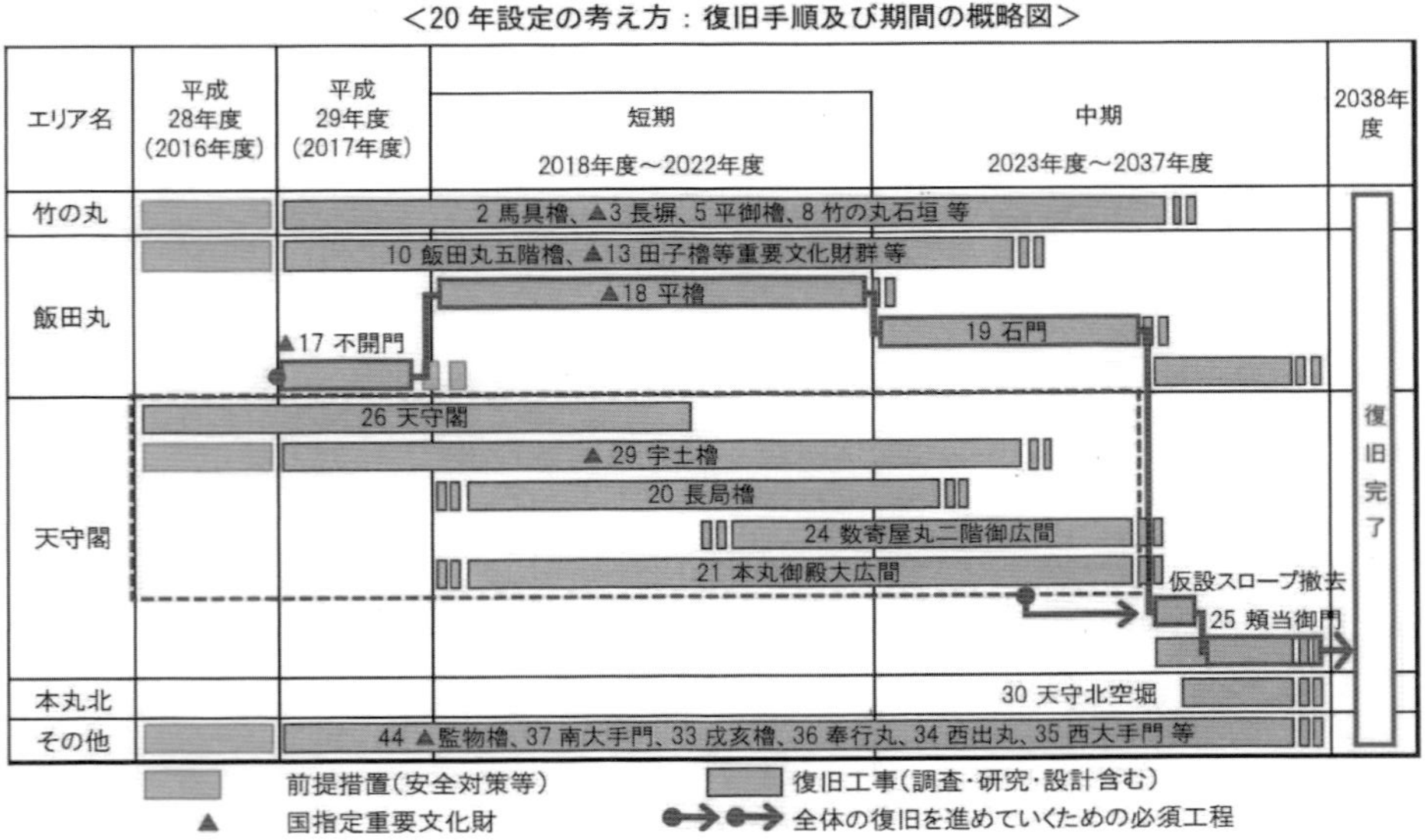
<20年設定の考え方：復旧手順及び期間の概略図>
エリア名
平成28年度（2016年度）
平成29年度（2017年度）
短期
2018年度～2022年度
中期
2023年度～2037年度
2038年度
竹の丸
2 馬具櫓、▲3 長塀、5 平御櫓、8 竹の丸石垣 等
飯田丸
10 飯田丸五階櫓、▲13 田子櫓等重要文化財群 等
▲18 平櫓
19 石門
▲17 不開門
天守閣
26 天守閣
▲29 宇土櫓
20 長局櫓
24 数寄屋丸二階御広間
21 本丸御殿大広間
仮設スロープ撤去
25 頬当御門
本丸北
30 天守北空堀
その他
44 ▲監物櫓、37 南大手門、33 戌亥櫓、36 奉行丸、34 西出丸、35 西大手門 等
復旧完了
前提措置（安全対策等）
▲ 国指定重要文化財
復旧工事（調査・研究・設計含む）
全体の復旧を進めていくための必須工程

図２　工程表

(2) 熊本大神宮

熊本大神宮は、熊本城の石垣とその上に建設されていた東十八軒櫓が倒壊し落下したため、破壊された。現在、熊本大神宮の瓦礫は撤去されたが、石垣は応急的に補修されたままであり、これからの修理を待っている。

しかし、石垣と東十八軒櫓が落下したのは社務所であったのが、まだ幸いした。少し離れたところにあった拝殿と本殿は、無事であった。熊本城の石垣との関係もあり、復旧時期については明らかにされていない。

(3) 熊本市民病院

熊本市民病院は被災後、建物の安全確認がとれない状況の中で、３１０人の入院患者を無事に転院あるいは退院させ、その迅速な対応が話題となった病院である。

病院としては、建物の安全確認がとれるまで、外来診療及び救急外来の受付を中止した。その後新館は耐震基準を満たしているとのことで、外来診療を開始した。

今回の地震に先立ち、熊本市民病院では新耐震基準以前の１９７９年に竣工した南館については、２００１年度の耐震診断で耐震基準を満たしていないと診断され、議論を重ね現在地での建替えを決定し、２０１３年３月に新病院基本計画を策定した。そして２０１５年度着工を目指したが、建設費の問題で着工を凍結した状況の中で、今回の地震が発生し被災した。

そのような経過であったが、市では病院の移転先を東区東町の旧国家公務員宿舎東町北住宅と決定し、発災後２年を迎える２０１８年度中の再建を目指し、２０１６年９月に再建基本計画を策定した。そして、公募型プロポーザルを行い、２０１７年４月に事業者を決定した。そして、２０１８年１月22日に安全祈願祭を行い、２月に着工した。現在、６階建ての新市民病院を建設中で、２０１９年10月１日に開院、10月７日に診療開始の予定である（写真１０３）。

写真103　工事中の新熊本市民病院

2　益城町の状況

当初は益城町が熊本地震の震源と思われていたが、後日の調査で、震源は益城町ではな

図3　益城町の断層帯（益城町資料）

表5　被害状況（2019年2月13日現在）

人的被害	直接死	45名	住家被害	全壊	3,026棟
	震災関連死	25名		大規模半壊・半壊	3,233棟
	死者数合計	45名		一部損壊	4,325棟
	重傷	135名		合計	10,584棟

表6　震災前後の人口の推移

	人口	世帯数
2016年3月末	34,499人	13,455世帯
2019年3月末	33,001人	12,945世帯
減少数	1,498人	510世帯

かったと判明した。しかし、震度7が2回発生したのは益城町のみであった（**図3**）。被害状況は**表5**のとおり。被害家屋は全体の約98％で、町全体に甚大な被害をもたらした。熊本地震による益城町の人口及び世帯数の推移は**表6**のとおり。人口は3年で約1、500人（4・3％）減少している。

(1) 益城町役場

益城町役場は地震の時に、多くの町民が役場前の広場に集まって一夜を過ごした場所である。役場は2012年度に耐震補強された建物であった。そして、視察に行った時には外観には被害がないように見えたが、本震による内部の被害はひどく、前震後3階に設置された災害対策本部は保健福祉センターに移し、役場は閉鎖された。

その後の調査で、杭の被害が一部確認されたこともあり、建物は2018年7月に解体された。2017年5月から旧役場から北東側に離れた地区に建設された仮設庁舎で業務を行って

写真104　益城町役場仮設庁舎

いる（写真１０４）。なお、新役場は、解体された跡地に建設予定で、２０２０年度から工事が始まり２０２２年度から利用開始の予定である。

(2) 応急仮設住宅と災害公営住宅

仮設役場の近くにも応急仮設住宅が建設されている。以前の災害では、1棟に10戸連続している応急仮設住宅が建設されていたが、今回の応急仮設住宅の特徴は、連続している住戸数が減っている。ここでは最大３戸の連続であった（写真１０５）。町全体で、応急仮設住宅はプレハブが18か所、１、５６２戸、みなし仮設が１、４５３戸であった。

また、仮設役場のそばでは、災害公営住宅が建設中であった。まだ、基礎工事の段階であるが、益城町としては今年度中に災害公営住宅を完成させる予定である。災害公営住宅は平屋建てタイプが99戸、集合型タイプが５７２戸、合計６７１戸である。

写真105　応急仮設住宅

(3) 住宅地の被害

住宅地では擁壁の被害が多く、擁壁の崩壊に伴う住宅の被害も多く瓦礫が多かった。しかし、住宅地の瓦礫は既に撤去され、そして、擁壁は修理あるいは新築されているものが目に付き、また工事中のものもあった。これを機会に道路も拡幅整備されている。それとともに住宅が新しく建て替えられたものも多かった（**写真106**、**写真107**）。なお、区画整理事業により復興を目指しており、2018年3月に区画整理事業の都市計画が決定されている。

写真106　修理した擁壁と住宅

写真107　復興した通り

３　くまもとメディカルネットワーク

続いて、今回の視察で知り得た「くまもとメディカルネットワーク」について紹介したい。

熊本地震以前の２０１５年12月に発足したネットワークで、県内の病院・診療所・歯科診療所・薬局・訪問看護ステーション・介護関係事業所・在宅関連施設など関係機関をネットワークでつなぎ、患者や利用者の診療・調剤・介護に必要な情報を共有し、医療・介護サービスに活かす多職種連携の地域包括ケアシステムで、今回の熊本地震以後にニーズが高まった。

２０１９年４月26日現在、同ネットワークへの同意数が４万９、６８０件、利用施設数が４１８施設、カード発行枚数が１万１、８９４枚となっている。参加すると次のようなメリットがある。

・複数の医療機関での診療歴・検査歴・処方歴やアレルギー情報等の共有により、重複検査や重複処方の解消などに繋がる。

・かかりつけ医が専門医の診療情報を患者への診療に活用するなど、患者の状態に合った質の高いサービスを受けることができる。

・災害で医療機関が被災しカルテを消失した場合でも、急病等で救急搬送され意思を確認できない場合でも、速やかに既往歴、処方歴、検査データ等を参照できるため、迅速で適切な治療を受けることができる。
・医療施設・介護施設での情報共有により、これまでの治療歴や処方歴等を踏まえた、きめ細やかな介護サービスを受けることができる。

災害時にも使えることを意図した地域包括ケアシステムは少なく、地域医療の新時代を創造するネットワークであり、安心できる社会を創造するインフラとして期待される。

(月刊誌「近代消防」2019年7月号掲載原稿を加筆修正)

第５章　北海道胆振東部地震

１　北海道胆振東部地震の被災地を視察して

平成30年（２０１８年）は台風が多いと言われ、８月中に既に台風第20号が発生した。そして、今年最強と言われる台風第21号は、風速で決まる一番強いランクの「猛烈な」（秒速54メートル以上）勢力に発達し、その後勢力が衰えるも「非常に強い」（秒速44メートル以上秒速54メートル未満）勢力で、９月４日の昼から夕方

平成30年（2018年）北海道胆振東部地震 被害報
（平成31年１月28日消防庁応急対策室発表）

発生日時	平成30年９月６日　３時７分
震央地名	胆振地方中東部（北緯42度41分、東経142度０分）
震源の深さ	37km（暫定値）
規模	マグニチュード6.7（暫定値）
各地の震度（震度６強以上）	
震度７	北海道：厚真町
震度６強	北海道：安平町、むかわ町
津波	この地震による津波はなし
人的被害	死者43人、重傷者48人、軽傷者734人
住家被害	全壊469棟、半壊1,660棟、一部損壊13,849棟
避難者	
応急仮設住宅数	
応急仮設住宅入居者数	

にかけて、四国と近畿を横断し日本海に抜けた。

気象庁によれば、「非常に強い」状態での台風の上陸は平成5年（1993年）9月の台風第13号以来で、25年ぶりの出来事だったという。台風については、関西国際空港などの被害が報道され、そして、5日の午前中には北海道を通りぬけた。

関西国際空港での被害は大きく、冠水で約8、000人が孤立、また空港と対岸を結ぶ連絡橋にタンカーが衝突するなど、ショッキングな映像が全国に配信された。この映像を見て、2005年8月にカテゴリー5と言われたハリケーン・カトリーナがニューオーリオンズを襲った時、ミシシッピー川の河口に留めてあった大型船が流され、上陸しホテルに衝突した状況を思いだした。風により大型船が流され上陸して衝突した状況を現地で見て被害状況が激しかったので、驚いた。

最近は、風害が取り上げられることは少ないが、大阪で工事中の足場が強風で飛ばされた様子や倒れた街路樹などの様子をTVで見ながら、視察に行こうかと考えていた。

しかし、6日㈭に大地震のニュースが飛び込んできた。TVは大規模な土砂崩れの状況を映し出していた。そして、北海道が全域停電になっていると報道された。

当初気象庁は、勇払郡安平町で観測された震度6強を最大震度としていた。その報道を見て、震度６強程度なら、どうかと思いながら、大阪の台風被害とどちらを視察しようかと思案していた。

　しかし、夕方になり、勇払郡厚真町で震度７を記録していたことが判明し、最大震度７と報道された。北海道で震度７というのは初めてである。これを聞いて、阪神・淡路大震災で震度７が発生して以来、本州、九州そして今回の北海道と震度７が続き、これからは「日本列島震度７の時代」到来と思い、今回は出来るだけ早く北海道に視察に行くべきと思った（**表７**）。

　６日午前３時過ぎに発生した地震は、北海道全域で２９５万戸に停電をもたらし、我が国では初めてのことと報道された。気象庁は、今回の地震を「平成30年北海道胆振東部地震」と命名し、逆断層型の直下型地震と発表した。

表７　震度７の地震

発生日時	名　称	マグニチュード
1995年１月17日	兵庫県南部地震（阪神・淡路大震災）	7.3
2004年10月23日	新潟県中越地震	6.8
2011年３月11日	東北地方太平洋沖地震（東日本大震災）	9.0
2016年４月14日	熊本地震（前震）	6.5
2016年４月16日	熊本地震（本震）	7.3
2018年９月６日	北海道胆振東部地震	6.7

そして、航空便の回復を待って、9月9日(土)に厚真町、10日(日)に札幌市の清田区と北広島市の被災地を視察した。今回の報告は、それらの視察報告である。

なお、1週間を経過した9月12日(水)午後8時現在の被害状況は**表8**のとおりである。

表8　1週間後の被害状況

マグニチュード	6.7
最大震度	7
死者	41人
負傷者	681人
避難者	1,592人
建物被害	327棟以上
停電	165戸
断水	5市町村

1　ブラックアウト、全道295万戸停電

6日、午前3時過ぎに地震が発生したが、その直後震源近くの苫東厚真火力発電所が緊急停止した。北海道内の使用電力の約半分を供給する基幹的な電源が失われ、これが引き金となり他の火力発電所も次々に停止した。北海道電力によると、午前3時25分に道内ほぼ全世帯で電気が使えなくなるブラックアウトとなった。このような大きなトラブルは想定しておらず、数時間での復旧を想定していたとのことであった。

通常の停電であれば、地域が限られ復旧も比較的早い。そのため心配もあまりしなかったが、今回のような北海道全域の停電は、市民にとっても想定外であった。東日本大震災では約

４６６万戸が停電し、10日間程度続いたところもあったが、本州は陸続きで、生活環境については周辺からの支援があり、また電力会社の計画停電などでしのいできた。

しかし、今回のように陸続きではない北海道の全域が停電になったことは、これまでの災害対策からは想定外の出来事であった。そして、電力のみに頼る現代社会のあり方に対する警鐘となった。

電力が失われた時に対応するために、自家発電装置がある。人命に関わる業務を提供している病院では自家発電装置は必須であり、また、病院以外でも使われている自家発電装置は多い。それが、広域的で長期的な停電になれば、自家発電装置を稼働し続けるためのエネルギー源の問題がある。

そして地震後、ガソリンの供給が困難になることが予想されるが、市内を行き交う自動車が減った。いわば、市民による自粛生活が始まった。

また、電力が無ければＴＶも見ることは出来ず、市民は情報から孤立した。このような状態になった時、どのように対応するか、自治体は必要な情報が市民に届くように考えて行かなければならない。

６日に札幌の友人にすぐに電話をしようとしたが、混乱中かも知れないと思い、午前中は止め午後に電話した。すぐにスマホに出たので様子を聞いた。停電なので、情報が入らず、何が起こっているのか全くわからないということだった。スマホを使いネットで情報を得て、状況を少しずつ理解するように努めているとのことだった。逆に、東京のＴＶではどんなことが報道されているのかと聞かれた。その時のＴＶの状況を伝え、停電中なのでスマホの電力にも限りがあり、余計な消費をしないように、とりあえず安否の確認が出来たので、電力は明日には復旧するのではないかと伝え、明日また電話をすると言ってスマホを切った。

電話の向こう側からは、周辺がどうなっているのかもわからず、電力の回復を待つしかない不安な状況が伝わってきた。広範囲なエリアでの電力の供給、そして交通網もストップし、エネルギーも寸断された。自然災害により、現代都市のインフラの脆弱性が浮き彫りにされた。

2　震度7を記録した厚真町

９日、新千歳空港からタクシーで厚真町へ向かった。運転手さん頼みでタクシーに乗るが、運転手さんも地震後に厚真町に行くのは初めてとのこと。被災地の場所と状況がわからないので、自衛隊の車両に出会ったら、その進む方向についていけばよいのではないかと、運転手さんと話し合いながら進んだ。

厚真町に入るが、被災したような様子が見えてこない。本当に震度7だったのかと疑いながら、土砂崩れの跡も見えないので、町役場まで行くことにした。さすがに役場が近くなると、行き来する自衛隊の車両が増えたが、被災した状況が見あたらない。役場の前でタクシーから降り、役場の建物の前に行くが、外観からは被害を受けたようには見受けられない。

役場前は熊本地震の時の益城町の役場の状況とは違っていた。建物内では自衛隊や報道関係者の出入りは多いが、いつも見てきた被災地における行政の拠点とは違う。

とりあえず先に昼食をとろうと近くのコンビニに行った。しかし、コンビニでは食料が無かった。他に店が無かったため、食べものならなんでもと思い、ビスケット等と飲み物を購入した。東京なら、コンビニの中でも食べられるが、そのような状況でもなく、ましてやトイレも使えなかった。結局外へ出て、役場の近くで食べ、役場のトイレを借りた。1時まではまだ時間があったので、周辺を歩いた。

丁度役場の裏側には自衛隊の拠点があり、また福祉センター等、公的機関の建物がまとまってあり、避難所にもなっていた。そして、駐車場が広くそこには報道関係者の車両も多く、自衛隊の給水拠点もあり、ボランティアも集まり、通常見られる災害時の役場前広場の雰囲気が感じられた。

厚真町の役場前の広場は、災害対策の拠点としては使われず、裏にあった公共施設の広場が拠点として使われていたのだった。周辺の状況を確認し、改めて役所で被災地の状況を聞いた。職員は、被災地は多分このあたりかなと思うと言って地図に印をつけてくれた。混乱期でもあり刻々変化する情報がすぐに反映されるには時間がかかる。この程度情報が得られれば後は歩いて探せばよい。

土砂崩れの現場に行く途中、自衛隊の車両が相当数集まっている拠点があった。これを見て、大規模な被災地に近づいているという思いになった。

小さな土砂崩れの場所を見ながら進んでゆくと、左側に見える山並みには、土砂崩れの跡が広範囲にわたって見えてきた。ここがTVで見たあの場所かと思いながら歩いた。そのまま進むと、自衛隊の車両が30台程度並んでいる。その先には黄色いテープが張られ、監視員からここまでです、と言われた。左側の山の土砂崩れが道路を超えて、右側の田に流れている。そして、道路を啓開しようと、重機で作業をしている最中だった。

これ以上は進めないと思ったが、大学の研究室らしい集団が、右側の田のほうから遠巻きに回ってみると良いと話していたので、一緒に行った。おかげで、被災地を遠景から見ることが出来た。本来なら樹木で覆われている山が、土砂崩れで広範囲に山肌を表している。通常であれば土砂崩れは川筋に線状に発生する。被害が大きい場合はその線が数本あるのがよく見られる土砂崩れの風景である。しかし、今回は土砂崩れの範囲が面状に広がり発生している（**写真１０８**）。

新聞やＴＶでも見たが、現場を近くで見るとその規模に驚かされる。そして問題は、崩れた土砂の集まったその先に、民家が何軒か見えたことであり、行方不明者がまだいる状況であった。土砂により破壊された民家の周辺では、自衛隊が捜索作業の最中であった（**写真１０９**、**写真１１０**、**写真１１１**）。そして数台の重機が見えたが、それらは、道路啓開作業なのであろう。

写真108　大規模土砂崩れの様子：遠景

写真109　大規模土砂崩れの様子：中景

結局、役場のほうから歩いてきたが、道路に覆いかぶさった土砂崩れの反対側まで回った。反対側は自衛隊の車両は少なかったが、道路の啓開作業は行われていた。

火山活動により堆積した火山灰が、台風第21号の雨により保水し緩み、地震が引き金になり、土砂崩れを引き起こした。そして、土砂崩れは、樹木も根こそぎ洗い流した。その土砂が、麓にある民家を襲い、そして道路を超えて田にまで及んだ。ここ数年、記録的豪雨が続く中で、土砂災害が多くなり、山の麓はリスクが大きいと認識されるようになったが、ここでもその悲劇が繰り返された。

10日(月)に、行方不明者が全員明らかになったと発表された。これで自衛隊による捜索活動は終了となる。これからは、道路啓開作業が急いで進められることになり、一つの区切りである。

写真110　大規模土砂崩れの様子：近景

写真111　自衛隊の捜索活動

２００６年２月にレイテ島での地滑りを視察した時を思い出した。山の麓の人口約２、４００人の村が土砂で埋まり、村内にいた約１、８００人が亡くなった。この時も長雨後の地震が引き金になった。土砂の量が多く、土砂の高さは30メートルにもなり、村はすっかり土砂に埋め尽くされた。まだ厚真町では山の高さが低く、そのため土砂の量が少なく、また人口が少なく分散しているため被害が比較的少なかったが、集落の立地を考えさせられた。

また、今回は土砂崩れを中心に視察したので、他の被害はあまり見てこなかったが、途中で見た被害では、厚真川にかかる厚真新橋も被災し、中央付近で水平方向に10センチ程度ずれ、また高さも10センチ程度ずれた。そして厚真神社も被災した。特にコンクリート製の鳥居はバラバラに折れ、石造の鳥居も上の部分が落下し、灯籠や社殿にも被害を受けた。

3　液状化被害が発生した札幌市清田区

10日の朝、札幌市清田区の区役所に行ったが、被災地の区役所という感じではなかった。清田区の被害状況も、液状化の被害として東京では大きく報道されたが、このような被害は一部の地区だけであった。そのため、清田区役所前広場の状況は、自衛隊や報道関係者の車両が集まる災害対策の拠点のような状況ではなかった。もちろん罹災証明書の発行業務は行われていたが、通常業務の延長のような状況であった。

被害を受けた地区は、北広島市に近い里塚地区の旧国道36号の南側の地区である。被災地は窪みのように、旧国道36号が下がった地区に盛り土をして造成された団地の1区画であった。

写真112　液状化の被害

写真113　液状化による道路の陥没

液状化の原因としては、台風第21号による降雨と地震による排水管の断裂で大量の水が噴出し、地盤の水分が多かった可能性が上げられている。

液状化の被害は2種類見られた。

一つは、レベルが低い場所であるが、そこに流されてきた砂が広範囲に溜まり、車はタイヤの部分まで砂に埋まり動けなくなり（**写真１１２**）、建物は砂でシャッターやドアの下部が埋まり開けられなくなり、そのため、道路では、重機で流されてきた砂を撤去し道路啓開作業を行っていた。

そして二つ目は、道路の下の地盤が液状化で流され、道路のアスファルト舗装が陥没するなどの被害であった（**写真１１３**）。

液状化被害の甚大なところでは、道路の陥没に加え、マンホールも破壊され、水が流れ出していた。地下埋設物も被災し、とてもすぐには復旧出来ない状況である（**写真１１４、写真１１５**）。

被災したエリアは広くはないが、斜めになった住宅もあり、造成した住宅地の液状化の怖さ

写真114　液状化による道路の被害

写真115　液状化による地下埋設物の被害

を見せつけられた。たとえ建物が耐震的に大丈夫だったとしても、建設される地盤がこのような状況では、被害を防ぐことはできない。

これまでも、多くの地震を見てきたが、被害の大きかったところは、盛り土の造成地に出来た新たな住宅地であり、この地区も同様であった。しかも火山灰を含んだ土で湿地を埋立てたという住宅地であった。

このようなマンホールなど排水管の被害状況から、排水ルートを変えるため新たにマンホールを設置する緊急対策工事が行われていた。

4　斜面が崩落した北広島市大曲並木地区

北広島市の市役所に行くと、市役所周辺が工事中なので、被災したのかと思われたが、広場の整備工事中であった。

北広島市の大きな被害も一部の地区だけであり、そのため、清田区役所と同様、市役所前広場は災害対策の拠点という状況ではなかった。見た目、通常業務を行っている市役所であった。

北広島市では大曲並木地区での被害が大きかった。大曲並木地区は、清田区の旧国道36号から続く地区で北側に入ったところにある。この被災地も旧国道36号から低くなっているところに住宅地を造成したところである。

住宅地は大曲川の周辺に新たに造成された。大曲川は、住宅地から6～7メートル低いところにあり、川側は崖地で、住宅の玄関は崖地の反対側にあった。その大曲川に接する住宅地では、川側の崖地の斜面が地震により崩落し、住宅の裏側は大きな被害を受けた。

斜面崩落により転倒して川に落下した住宅は無かったが、住宅の裏側の基礎の地盤が崩落し、基礎がむき出しになった住宅は多く、または斜面崩落とともに基礎も落下し、住宅の裏側がオーバーハングのような状況になったものもあり、余震の状況によっては、住

写真116　斜面崩落の被害

写真117　オーバーハング状態になった住宅

宅が川に転落してもおかしくはない状況であった。斜面を支えていた擁壁やブロック塀も斜面と共に崩落した（写真116、写真117）。

そして、道路のレベルから、住宅が玄関前のスペースごと斜面崩落したが、川までは落ちず、途中で止まっている状況の住宅や（写真118）、中には住宅の裏側に増築したと思われる部屋が、斜面崩落で、3メートル程度落下したものもあった。そして、後背地の地盤は柔らかく、いつ崩落してもおかしくはない状況であった。

川に面した傾斜地に造成した住宅地が被災したのであるが、これも台風第21号による降雨と地震がもたらした斜面崩壊の被害である。

写真118　道路面から宅地が下がり後退した状態

5　結びに代えて〜日本列島震度7の時代

今回の平成30年北海道胆振東部地震については、今後も詳細な検証が行われるだろうが、ここでは、今回の緊急的な視察の中から、今後の災害対策に必要と思われることを述べさせていただきたい。

(1) 日本列島震度7の時代

阪神・淡路大震災以来、震度7が増えてきた。**表7（167頁）**を見てもわかるように、これまでに6回発生した。最初の3回は本州で発生し、その後は九州で2回、そして北海道で1回発生した。

1948年の福井地震を契機に導入された震度7は、阪神・淡路大震災で初めて適用され、今回で6回目である。いよいよ、日本列島全域に震度7が発生する時代になった。これからは、日本のどこでも、震度7の大地震に備えることが求められる。

(2) 複合災害

北海道は梅雨もなければ台風も来ない地域だった。しかし近年の異常気象から、今回は台風第21号が来て雨を降らせ、その後すぐに地震が発生し、結果的に複合災害となった。地球温暖化による異常気象で毎年のように記録的豪雨が発生しており、また、今回のように通常では梅雨や台風の来ない北海道でも台風が来て、そして地震が発生するという状況である。我が国全体の問題として複合災害に対する対策を講じなければならない。

⑶ 大規模停電

かつて2003年に米国のニューヨーク周辺で大停電になった時は、米国のこととして日本ではそのようなことは無いだろうと思っていた。しかし、これは根拠のない他人事であった。今回発生した、北海道全域の295万戸が停電になり孤立した事実は想定外であった。これからは、エネルギー政策の見直しが求められる。

（月刊誌「近代消防」2018年11月号掲載原稿を加筆修正）

２　北海道胆振東部地震から１年後の被災地を訪ねて

平成30年（２０１８年）９月６日㈭、北海道胆振東部地震が発生した。この地震は、北海道では初めて震度7を記録した地震となり、全道が停電になるブラックアウトなど広域的な被害をもたらし我が国にとってインパクトの強い地震だった。地震後、すぐに視察に行き被害状況を報告したが、今回はその後の令和元年（２０１９年）の6月と8月に視察を行った状況について報告したい。

１　厚真町

発災後、厚真町役場の裏側周辺は自衛隊やボランティアなどの支援機関の拠点となっていたが、6月に行った時には既に役場は通常の業務となっていた。そして、役場近くの公園には、

写真119　眞正寺の被害状況

応急仮設住宅が設置されていた。8月の状況は次のとおりである。

近くの眞正寺では、向拝の梁が落下したままになっていたが、倒壊しないように木材で補強され、本堂はブルーシートで覆われていた（写真119）。厚真神社は、鳥居や灯籠が被災し、また拝殿のガラスが割れ、本殿の棟持ち柱も外れるなどの被害にあった。約1年経過して、拝殿のガラスはまだ全てが入れ換えられておらず、拝殿は透明のビニールシートで覆われていた。眞正寺も厚真神社も復旧には時間がかかりそうである。

写真120　治山工事中の被災地斜面を横断する足場が見える

我が国では有数の規模となり大きく報道された地滑りの被災地に行くと、斜面は治山工事の最中であった。地滑りの土砂で行き止まりとなった道道235号線は昨年の11月8日には通行が可能となった。

道路から山側に建設され土砂により圧壊した住宅は、6月の時にはまだ残されていたが、8月には工事の邪魔にならないように全て撤去された。そして、道路を超えたところに残され倒壊した住宅は3軒程度残されていた。そのため、地滑りの被災地としては建物が撤去され少なくなり、だいぶ片付いた印象である。

地滑りした斜面を横断するように、またところどころに仮設の足場が設置されていた（写真120）。そして、斜面には表面の崩れを防ぐためのコンクリートで田の字型になる法枠工法が施されているところもあった（写真121）。いずれは法枠工法が全体に施され、田の字の隙間は緑で埋められ緑の斜面になる予定とのことである。斜面の治山工事にはまだ時間がかかりそうである。

そして、道路を超えた少し広い場所には、6月に訪れた時は無かったが、犠牲者のための献花台が設置されていた（写真122）。見ていると、車で来る方々がなかなか途絶えない。

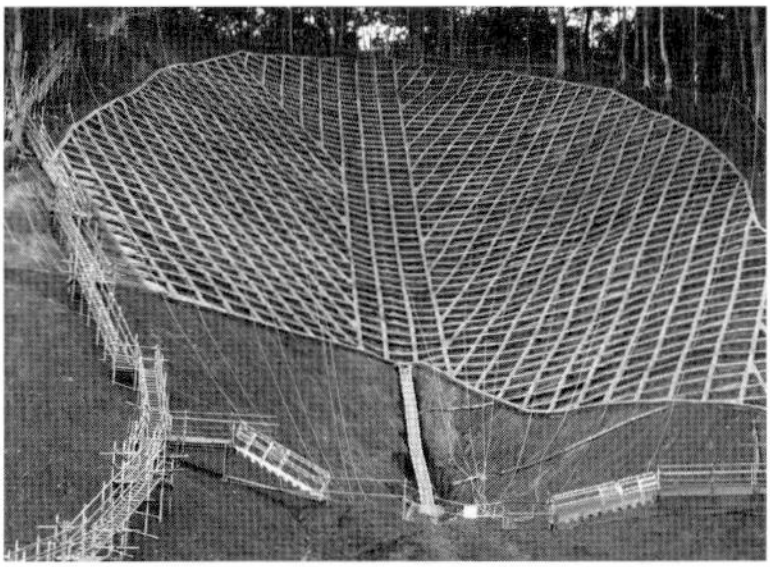

写真121　法枠工法で工事中

写真122　献花台

後で聞くと、役場には常時献花台が設置されているとのことであるが、被災地の献花台は日程を決めて時々設置しているとのことであった。

2　安平町

安平町では、早来神社を視察した。早来神社は地震で半壊になったそうだが、春ごろから社殿の復旧工事にかかったそうである。6月に来た時は工事中であり足場がかかっていたが、今回は工事が終了し足場は撤去されていた。復旧は早い（**写真123**）。

写真123　復旧工事が終了した早来神社

境内には土俵があり、ブルーシートで覆われていたが、6月も今回もそのままであった。

また、近くにある瑞雲寺は立派なお寺で、ブルーシートはかかっていなかったが、聞いてみると相当の被害を受けたとのことで、修理には時間がかかるとのことであった。その中でも鐘楼は手を加えた様子がわかった。

3　むかわ町

むかわ町については6月のみの報告である。神明式のむかわ神社があるが、大きく被災した。基礎や階段が鉄筋コンクリート造で、そのコンクリートの部分が被災した。そして拝殿はブルーシートで覆われ、本殿の棟持柱が被害を受け斜めになった。復旧には時間がかかりそうである。

道立のむかわ高校では寮が被災した。それは、野球部の学生用の寮であり、むかわ町は、国と交渉の末仮設の寮を建設することが出来た。本来、仮設住宅は、被災者のためのものである。そのため寮は仮設住宅としては難しいと思われた。しかし、高齢者介護のグループホームには福祉仮設住宅が認められ、18歳

写真124　むかわ高校の仮設の寮

写真125　寮の食堂

未満に無いというのはどうかと思い要望し続けた結果、寮としての仮設住宅が認められた。しかし、被災者でない人は認められないとして、卒業生が出た後で新入生の入寮は認められなかった。そのため、その分は町で負担して新入生を受け入れた。寮は、一般的なプレハブを使わず、コンテナを利用した平屋建ての寮であり、厨房や食堂もあり、木造仕上げの明るい寮である（写真124、写真125）。

むかわ町は2003年に恐竜の骨が発見され、2018年には全身の骨格の8割が揃い、大きな話題になった町である。そして、「恐竜たいやき」も名物になった。その店は現在、仮設店舗で営業している（写真126）。

写真126　恐竜たいやきの仮設店舗

4　札幌市清田区

札幌市清田区の里塚地区では、低地に盛り土をして宅地造成をした地区が液状化の被害にあった。発災当時は、札幌市の液状化被害として大きく報道された。

液状化の被災地は、6月の状況では道路の修理は未完成という状況であったが、8月では道路の復旧は一部まだ残された部分があるがほぼ復旧に近い状況になった。液状化によりアスファルト舗装が崩壊した部分や舗装の下の土砂が流されマンホールも露出された部分も多かった道路も、土が埋められ修理され、つぎはぎに施されたアスファルト舗装が修理の状況を物語っているが、通常の通行が行われている（**写真127**）。道路と住宅の境界部分の修理はこれからのことであろう。

液状化被害により建物が斜めになったものが多かったが、建物はまだそのままであった（**写真128**）。とりあえず、公共空間である道路が復旧し使えるようにすることが優先された。

写真127　復旧した里塚地区の道路

写真128　液状化被害で傾いた建物

被害が少なかった建物については建物の水平化工事が行われるだろうが、被害の大きかったものは重機により撤去され、地盤改良が施されその後建替えになるだろう。とりあえず道路が復旧され、これからの重機による作業が行いやすくなった。そして、被災地で最も低く、砂が集まった場所に建設され使えなくなったビルがあったが、工事用のビニールシートで覆われていた。

5　北広島市

北広島市では大曲並木地区の住宅地が被災した。それらは、大曲川沿いに宅地造成され建設された住宅地であり、川沿いの部分の宅地の地盤が川側に崩落した。そのため、宅地によっては、道路面から川側に2メートル以上下がったところもあった。被害の多かった住宅は川沿いの1列であり、数十センチから2メートル程度、地盤が下がり、建物が斜めになったものが多かった。しかし中には、道路を越えたところの住宅にも一部及んだところもあった。

その地区を歩くと、多くの住宅が撤去され空地が多くなった（写真129）。しかし、杭を打っていたため、地盤が下がっても建物だけは、ほぼ水平を維持していた住宅があった。この住宅は使うのかもしれないと思い視察した。この地区は、川沿いに擁壁をつくり、住宅地を造成した。川から住宅地の地盤までは高低差も6～7メートル以上ありそうである。豪雨災害により地盤が緩んだところに地震が発生し川側が崩れた。川の周辺には土嚢を積んでいる。

これから、この住宅地はどうなるのか、市の災害復興支援課に聞くと、一部川沿いの地区については、市が購入して緑地化する方向で考えているとのことである。

写真129　空地が増えた大曲地区

6　結びに代えて

ここでは1年後の復興状況を振り返りたい。

(1) 全壊の不平等？

今回の災害について聞こえてくるのは、災害公営住宅の要件である。通常の公営住宅は、国の補助率は2分の1である。そして、災害公営住宅の場合、一般災害の場合は国の補助率は3分の2であり、激甚災害に指定されると国の補助率は4分の3である。

今回は激甚災害の公営住宅の要件に指定されず、一般災害が対象になるが、その要件は、滅失戸数が被災地全域で500戸以上又は1市町村の区域内で200戸以上もしくはその区域内の住宅戸数の1割以上の場合、災害公営住宅は国の補助率が3分の2になる。しかし、北海道全域での被害状況は、500戸には満たなかったが、厚真町では、全壊戸数が200戸以上という条件を満たした。そのため、厚真町では災害公営住宅の適用は受けられたが、他の市町村は災害公営住宅としての国の補助金は受けられなかった。他の市町村は補助率が3分の2にならず2分の1であるが、この差は地方の小さな自治体にとっては厳しい。規模が大きい激甚災害であれば補助率が高かっただろう。しかし、被災自治体にとっては、被害は同じく全壊である。同じ全壊でもこのように差がつく。このようなところの法律の見直しは出来ないものであろうか。

(2) 複合災害

北海道は梅雨もなければ台風も来ない地域だった。しかし昨年は、台風第21号が上陸し大雨をもたらした。そして、そこに震度７の巨大地震が発生した。このように北海道胆振東部地震は複合災害であり、リスクの大きい災害だった。

このようなリスクの大きい複合災害が発生すると、それまではなんとか持ちこたえてきた脆弱な部分が持ちこたえられず被害となる。今回の住宅地として造成した土地の液状化、斜面崩落そして地滑りもそのようなものである。

地球温暖化による異常気象で、ますます、このような複合災害の傾向が強まることが予想される。そして、被害は大きくなり、復旧・復興にはさらに時間がかかることを認識しなければならない。

(3) ブラックアウト

全道が停電したことは初めての経験であった。そのため、エレベータが使えない、ＴＶが見られず情報が得られない、自動販売機が使えない等不便な生活を強いられた。今回、東京で、地震の時に北海道に行っていた方に出会った。ケーキ店を経営している清水利男氏である。「ケーキのイベントに参加するために函館のホテルに滞在していた深夜、地震で目を覚ましたが停電となり、ＴＶも映らず何もわからなかった。エレベータが停止して使えず、翌朝は朝食が出なかった」とのことであった。こうした中で携帯電話は貴重である。「市役所で携帯電話の充電をしていると聞いて行ったが、既に350人並んでいた。充電機は10口あり1人10分というので、1時間に60人分しか充電できない。約6時間待って充電したが10分では8％の充電量であり、充電を止めるとすぐに『充電してください』という表示が出た」という。待った時間の割に充電できた量は少なかったのである。旅行に出るときの心構えを反省したとのことであった。

（月刊誌「近代消防」2019年11月号掲載原稿を加筆修正）

第６章　令和の時代に向けて

これまで見てきたように、平成に入って震度７の地震が初めて発生し、しかもそれらが本州、九州そして北海道で発生したように、平成の時代に震度７が日本列島を縦断するように６回発生しました。この状況をみると、まさに「日本列島震度７の時代到来」です。

このような呼びかけを聴いて、令和の時代の課題を展望したいと思います。なお、本書では避難所生活についてはあまり述べていません。そのため、東日本大震災の３年後に被災者にヒアリングをした拙著「東日本大震災を教訓とした新たな共助社会の創造」を参考にしながら述べたいと思います。

1　基本的なこと

⑴　想定外からの呼びかけ

近年の災害に関するキーワードは「想定外」、「記録的」そして「観測史上最大」です。特に最近では集中豪雨にみられるように、記録的と言われることが多くなりました。

序章でも見てきたように、そもそも震度7は、昭和23年以前は想定外でした。しかし、昭和24年に震度階に新たに震度7が想定されることになりました（16頁表1）。

しかし想定されたものの、現実的に震度7が発生したのは50年以上経過した平成7年が最初であり、そして平成の時代に6回も発生しました。これらの現象は、想定外であった巨大災害が通常化しつつあることを意味しています。そのため、想定外に対する注意が必要です。

想定外ということで耐震基準を見ると、耐震基準は1981年に適用された「新耐震基準」が評価されました。そのため、次の想定として震度8対応や熊本地震のように連続的に震度7が発生することへの対応がありますが、これらは建設費のアップにつながり実現にはハードルが高いです。そのようなこともあり、現在はそのようなレベルを想定してはいません。そのため、震度7より上が無いということではなく、想定外はあると認識することが必要です。

一方で、建物内部をしっかりとすることも大事であり、当面そこから始めたいと思います。

内部の危険要素として、地震により飛んでくる備品や倒れる家具があります。このような建物とは別の要素から身を守ることも重要です。そのため、リフォームの機会をとらえて、作りつけ家具にするなどの工夫をするべきです。

このような小さな努力でも効果は大きいです。建物の内部の危険要素を減らすこと、これも呼びかけです。

(2) 複合災害と連鎖する災害からの呼びかけ

これらは、複数の現象が同時にあるいは連鎖して発生することによって発生する災害です。これまでの災害は、地震や水害、そして台風はそれぞれ単独で考えられてきました。しかし近年、地球温暖化により集中豪雨が多くなり、その後に地震が発生するなど、複合災害を呼びかけとして考えなければならない時代になりました。北海道胆振東部地震もそのような災害でした。台風第21号の雨の後に発生した地震で、このような場合、震度7より小さな地震でも地滑りは発生した可能性があります。

熊本地震では1日において2回の震度7の地震が発生しました。令和元年は、台風第15号と第19号が発生しました。このように連続的に被害を与える災害をここでは仮に連鎖する災害と呼びます。また、東日本大震災では、復旧中の防波堤が、平成28年の台風第10号で被害を受けたこともありました。これは東日本大震災と台風の間は5年あり複合災害とは言えません。しかし、5年という期間はありますが、まだ復旧が終わらないうちに被害をうけたため、被災地にとっては連鎖する災害です。このように、復旧途中までの経過が無になる可能性も大きく、連鎖する災害のダメージは大きく、これもこれからの呼びかけです。

これからは、複合災害と連鎖する災害に対する災害対応が求められます。

(3) 住む場所からの呼びかけ：都市の立地

どこに住むべきか、ということは重要な問題です。人口が増え、狭い国土に土地を求めるため安全性に問題のある場所でも住宅地として住み、被害を受けたということはよく聞きます。特に津波の場合に多いです。ここでは都市の立地という観点で振り返ってみたいと思います。

阪神・淡路大震災で教訓となったのは、活断層による被害です。震災後、活断層という言葉が一般的に知られるようになり、少なくとも公共施設は活断層を避けて立地するようになりました。民間施設も同様ですが、実現には難しいところがあります。

新潟県中越地震では山間地の被害として、過疎地が被害を受けました。現在は人口減少社会で、コンパクトシティに関心が集まり、インフラストラクチュアをどこまでも延伸する時代ではなくなっています。自治体の経済性が問われる時代になり、災害時の救出救助体制等にも問題があります。これからは人口減少社会における効率的な都市構造が求められます。

東日本大震災では、過去に繰り返してきた津波から再び被害を受けました。津波発生後しばらくは忘れないのですが、長い年月が経過すると便利さを求めて海の近くに住むようになり、忘れたころに津波がきて被害を受ける。いわゆる津波の浸水区域に再び住み被害を受けた状況も多かったようです。今回の東日本大震災では、そのような過去の反省から、津波浸水区域は非居住区域とされましたが、今後もこの方針が貫ければと思います。

熊本地震は地震の少ない地域で発生しました。建築基準法では地震が少ない地域の耐震基準の低減が可能で、熊本はその地域でした。そのため、耐震基準の地域係数が0・8～0・9で、通常よりは低減されました。そのようなところに震度7が2回も連鎖的に発生し想定外でした。

北海道胆振東部地震は集中豪雨の後に発生した地震で複合災害です。山のふもとの住宅が地滑りで倒壊し、また低地を埋め立てて造成した住宅地、そして川沿いに盛土により造成した住宅地が被害を受けました。

「どこに住むべきか」という問題は重要です。広域的には都市の立地に対する呼びかけで、適切な土地利用という視点から見直しが求められます。

(4) ネットワークからフォーメーションへの呼びかけ

阪神・淡路大震災はボランティア元年と言われたように、初めての震度7を経験し、行政の公助だけでは復旧・復興は困難ということが呼びかけとして認識されました。

そのため、多くのボランティアによる支援が広まりました。また物資についても災害時の支援体制が見直されました。そして、物資の提供や企業や団体との応援協定など、多くのネットワークが自治体と締結されました。

このネットワークはその後の災害で大きく広まり、大規模な災害が繰り返される中で、ネットワークは充実してきました。そして、これからは、個々のネットワークをより充実させることが求められます。

しかし、ネットワークがそれぞれ単独では地域としての力を発揮できません。NPO等も含めて、災害を迎えるための組織的な対応が求められます。

そのため、お互いのネットワークが良好な関係の中で十分に力を発揮できるように位置付けられことが重要です。そのような、地域が一体となった災害対策のフォーメーションの構築が求められます。

(5) コミュニティからの呼びかけ：新たな町会の役割

これまでの災害の教訓から、地域コミュニティの在り方が問われています。大震災が発生した場合、地域が一体となって復旧・復興に当たらなければなりません。特に、被災者にとって最初の仮住まいとなる避難所の運営は、町会が担うことになります。その時に町会の力が問われます。

しかし、町会は任意団体で、住民に加入の義務はありません。そのため、新しいマンションに町会の紹介に行くと、「管理会社から、町会に加入する必要はないと言われた。」と住民に言われるケースもあり、加入率は少なくなっています。東京都のアドバイザー派遣事業で町会のアドバイザーも担ったことがありますが、担当した多くの町会からそのような相談を受けました。現在は個人情報保護の視点もあり、町会は危機的な状況にあります。

東京都や学識経験者などで作る「東京の自治のあり方研究会」が２０１５年にまとめた33区市長村を対象に調査した報告書によると、平成15年（２００３年）には61％だった町会への加入率は、10年後には54％と7ポイント減となったということです。

しかし、災害時に地域を救うのは町会の重要な役割です。これは地域コミュニティからの切実な呼びかけです。そのため、町会を基盤とした地域コミュニティを復活し地域力の向上を図らなければなりません。そのため、町会はこれまでとは違った役割を担わなければなりません。それは各種団体との連携です。

現在はＮＰＯの時代で、多くのＮＰＯが設立されています。また、ＮＰＯでなくても多くの団体が活動する時代です。そのため、積極的に活動する団体と連携し、地域の活性化を図りたいと思います。町会が中心となって企業、商店街、ＮＰＯ、ＰＴＡ、コミュニティセンター等の協力を得ながら災害対策のフォーメーションを構築し地域力を向上させることが課題と思われます。

2　個別対応

⑴ 避難所は大規模型から小規模分散型へ

大震災のたびに課題として挙げられるのが、避難所の生活環境です。大震災の場合、被災者を収容するために、どうしても体育館のような大規模施設が必要となりますが、その場合の生活環境が問題としてあげられます。いつも取り上げられるプライバシーの問題があり、冬にもかかわらず毛布もなく、鉄筋コンクリートの教室にゴロ寝せざるを得なかったことがあったように、避難所として指定されているにもかかわらず、受け入れ環境が未整備であった問題など、避難所環境の見直しが呼びかけられています。

プライバシー問題では、新潟県中越地震で合板を半分に切ったハーフサイズの簡易間仕切りを提案し喜ばれました。しかし、当時、備蓄品として備えることは難しかったようで、その後、それは段ボールに変わりました。段ボールであれば送られてきた支援物資の梱包に使われた段ボールを利用でき、多くの避難所で段ボールの簡易間仕切りが広まりました。

しかし、最近では紙筒を利用した高さの高い個室型の間仕切りも出ていますし、その一方で間仕切りは不要とする避難所もありました。

基本的な問題は、大規模避難所ということです。大規模避難所の混雑を避けようと、車中泊をしたため、血行障害となったエコノミー症候群も話題になりました。

一方で、支援する側にも、体育館のような大規模避難所では支援が難しいという問題もありました。個人的レベルでは大人数を対象に支援するのは限界があり、また行政としては、避難者には支援物資を平等に与える必要があり、そのため、行き渡らない場合は倉庫に保管される状況もありました。

東日本大震災で、うまく避難生活が送られたのは、小規模避難所でした。具体的には、

１００～１５０人程度を収容する公民館の避難所では、小規模の部屋が性別、年齢別、そして身体の状態等に応じて避難者を分けることができ、また必要であれば外国人対応も別室で出来ます。また、厨房施設が避難者の炊事用に使え、周辺住民がお米を持ってきて、初日から暖かい食事がとれました。

これは、これからの避難所の在り方を示唆しています。大人数を収容するにもある程度小さな部屋がいくつかあればプライバシー問題も大きくはなりません。そのため、地区レベルの施設を避難所としても利用することが検討課題です。

そして、隣接避難所間における避難所間共助が課題です。東日本大震災では道路を挟んだ隣接の避難所間で、食事が豊富な避難所と3日間食事も出来なかった避難所もありました。このような問題も解決されなければなりません。これからは、避難所間共助が求められます。

(2) エネルギー政策の課題

東日本大震災では原子力発電所の事故の影響が大きく、周辺の帰宅困難区域はなかなか解消されず、原子力発電所の存在自体が問題になりました。その後稼働している原子力発電所は少なくなり未だに解決していませんが、エネルギー政策の見直しが呼びかけられています。

また、北海道胆振東部地震では、ブラックアウトという全道が停電する事態になりました。そして、関東では、台風第15号の影響で、千葉県では長期間の停電を強いられ、電力供給の在り方も呼びかけられています。

令和元年の台風第15号では、山倉ダム湖の大規模フロート式ソーラーシステムの被害も大きく報道されました。電気が使えない状況の影響は大きく、断水も引き起こしました。地元では蓄電もできればよかったのにという声もあがったとのことです。

現在のソーラーシステムのほとんどは「売電」のために使われています。これからはこのような大規模災害の停電に備え、「蓄電」をシステムに取りいれ、備えるようにできればよいと思います。戸建ての場合は蓄電した電気はその住居に使われるでしょうが、大規模施設の場合、一定程度は蓄電し地域に貢献することなどが検討課題と思われます。

(3) 病院のネットワーク

熊本地震では、市民病院が被災しました。その時、旧耐震基準の建物の入院患者は各医師の尽力により適宜転院しました。そのように、医師の個人的な努力も大切ですが、システムとして、たとえ病院が被災したとしても、他の病院に転院できるようなシステムが地域にあれば市民の安心感は大きいです。現在、医療システムに安心感が呼びかけられていると思われます。もちろん病院は、免震構造等により大地震の時も被災せずより安全な施設であることが望ましいです。しかし、災害は地震だけではありません。免震構造だから心配はありませんと言い切れません。

医師による診療のネットワークは以前からありますが、病院間の転院のネットワークは無いようです。安心できる社会の構築を目指し、地域包括ケアの中で、災害時には病院間で入院患者が安心して転院できる、そのようなネットワークの構築も検討課題と思われます。安心できる社会を創造する新たなインフラとして期待されます。

(4) 町会による実践型防災訓練

防災訓練の問題点は、マンネリ化、参加者が少なく同じ人で高齢化、そして行事として見せるための訓練で、自治体主催による訓練は劇場型と言われてきました。

阪神・淡路大震災後には新しい訓練の在り方が呼びかけられました。その状況に変化をもたらしたのが、平成10年に行われた墨田区京島地区で開催された向島消防署による発災対応型防災訓練でした。それまでの公園や学校の校庭などで開催された劇場型の防災訓練から市街地を会場に実践的に開催されました。そしてその後、体育館を利用した避難生活のための宿泊訓練など、より実際的な訓練の試みが模索されてきました。

また、マンホールの下の水道管に接続するためのスタンドパイプが開発され、荏原4丁目町会では品川区からの支給品に加え町会費でスタンドパイプを調達しました。2013年に町会を7つに分け、それぞれの地区でスタンドパイプによる消火訓練を開催しました。使用するマンホールを中心に町会を小グループに分割することにより、マンホール周辺の参加者は見るばかりではなく実際に放水訓練をしました。

それまでの荏原4丁目での訓練は、年間参加者が約40人でしたが、2013年度は268人に増え、そして、夜間訓練も実施し、ヘッドランプを購入するなど態勢を整えて行きました。

このように努力してきましたが、まだマンションの参加者はありませんでした。そこで、2018年に2口の水栓を購入し、スタンドパイプに水栓を取り付け、マンションに呼びかけて給水訓練をしました。その時、初めてマンションの方々が参加しました。2019年には、台風第15号で千葉県が長期間停電することになり、マンションの断水問題は大きな問題となりました。そのため、2019年度の訓練では、マンションに広く呼びかけて計画的な給水訓練と自家発電による携帯電話の充電訓練を行うことにしています。この給水と充電訓練は、町会とマンションを繋ぐための訓練として期待されています。

(5) 防災士

２００３年に制度が出来て以来、平成31年（２０１９年）３月までに防災士は既に17万人になりました。そしてすぐに20万人になり30万人もなると思われます。専門家が20万人や30万人いるというのは大きな力となります。いずれ大きなパワーとなり、我が国の防災に大きな貢献をすることは間違いないと思われます。

ただ、現在は、防災士でなければ出来ない業種というものはなく、業務独占資格ではありません。いわゆる名称を独占できる名称独占資格ですが、この点でもう少し社会との関わりを明確に出来ればと思います。

いずれは防災士でなければならない役割をつくり、防災の専門家としての役割を明確にし、全国で活躍することを期待したいと思います。必ず、防災士はこれからの我が国の防災において大きな役割を果たすと思います。

おわりに

これまで見てきたように、震度階級に震度7が想定されたのが昭和24年（1949年）ですが、実際に震度7の地震が発生したのは平成7年（1995年）が最初でした。そして特徴的なのは、震度7は昭和の時代には全く発生せず、平成の時代に6回発生したことでした。これは、震度7は特別なことではなく、時々発生する地震であることを意味しています。

これらの地震を振り返ってみますと、地震が発生した地域の市街地特性が違い、それぞれの地震の被害状況は異なった様相を呈しています。そして、それぞれの地域に呼びかけられているものが違っていますが、その中でも共通的なことは、「共助」が必要ということです。

共助については、「防災と市民ネットワーク（東日本大震災後に『減災と市民ネットワーク』に改題）」を、また東日本大震災から3年後に被災者にヒアリングした「東日本大震災を教訓とした新たな共助社会の創造」を執筆し実態を一部紹介し課題をあげました。

そして、災害は地震だけではありません。台風や豪雨災害が多発し、しかも記録的な豪雨が多い状況となっています。本書をまとめる頃に、令和元年（2019年）台風第15号と第19号が発生しました。これは、関東以北の方々にとって台風が続くことはそう多くは無かった中で、大きな警鐘になりました。特に台風第19号の場合、暴風域は太平洋から日本海まで及ぶ状況で、広範囲に被害を及ぼしました。そして、激甚災害にも指定されました。このような風水害は、地震との複合災害になると、震度7でなくても大きな被害を発生させます。

震度7という巨大地震と巨大台風と豪雨、そしてこれらが複合災害となりまた連鎖するという可能性を教えてくれたように思います。

そして、このような災害に対して、絆を基本とした地域コミュニティにおける災害対策のフォーメーションにより地域力を向上させて行くことが呼びかけられている、そのように受け止めたいと思います。

本書をまとめるにあたっては、ジェネスプランニング㈱の三船国生氏に協力をいただき、伊藤滋東京大学名誉教授、久水宏之トータルライフ総合事務局代表にアドバイスをいただきました。ここに感謝の意を表します。

令和2年1月

三船康道

《著者紹介》

三船康道（みふね やすみち）

1949年岩手県生まれ。千葉大学建築学科卒業、東京大学大学院博士課程修了工学博士。技術士（総合技術監理部門・建設部門）、一級建築士。ジェネスプランニング㈱代表取締役。みなとみらい21地区防災計画の作成、スマトラ島沖地震インド洋津波バンダ・アチェ市復興特別防災アドバイザー、その他各地の防災関連の業務を行う。

〔委員等〕地域安全学会理事、日本都市計画協会理事、見附市防災アドバイザー、墨田区災害復興支援組織代表、国際連合日中防災法比較検討委員会委員、新潟工科大学教授等を歴任。

現在、希望郷いわて文化大使、ＮＰＯ法人災害情報センター理事、災害事例研究会代表、東日本大震災の被災地大船渡市の集落への派遣専門家、東京文化資源会議幹事。

〔著書〕「密集市街地整備論」早稲田大学出版部、「東日本大震災を教訓とした新たな共助社会の創造」近代消防社、「減災と市民ネットワーク」学芸出版社、「東日本大震災からの復興覚書」（共著）万来舎、「災害事例に学ぶ！ 21世紀の安全学」（編著）近代消防社、「安全と再生の都市づくり」（共著）学芸出版社、「地域・地区防災まちづくり」オーム社、「まちづくりキーワード事典・第三版」（編著）学芸出版社、「まちづくりの近未来」（編著）学芸出版社など。

KSS 近代消防新書

017

日本列島震度７の時代到来

～震災からの呼びかけ～

著　者　三船　康道

2020年3月10日　発行

発行所　近代消防社

発行者　三井　栄志

〒105-0001　東京都港区虎ノ門2丁目9番16号

（日本消防会館内）

読者係（03）3593-1401㈹

http://www.ff-inc.co.jp

ISBN978-4-421-00934-7　C0230

価格はカバーに表示してあります。